JN090771

いて勤務する保育者にも同様の役割が多分に求められています。

　今後，保育士による子ども家庭支援が体系化され，「子育ち」，「親育ち」，「親子関係の育ち」，そして「親子が存在する家庭や地域」を支える保育士の役割がより明確になること，保育士が専門職としての誇りをもって，保育という職域の専門性を発揮しながら子ども家庭支援に取り組めることを願っています。本書がその一つの手がかりとなれば幸いです。

2021年6月

橋本真紀

鶴　宏史

やわらかアカデミズム
〈わかる〉シリーズ

よくわかる
子ども家庭支援論

橋本真紀／鶴 宏史

[編著]

ミネルヴァ書房

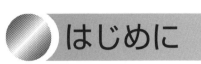

　乳幼児を育てる家庭の多くは，子どもという新たな構成員を含め家庭として機能していく初期段階にあるといえます。家庭が機能していくことを支えていた親族や地域と，家庭とのつながりが薄れる中で，その代替機能を果たすことが保育士にも求められるようになりました。

　2001年，保育士は，「児童の保育及び児童の保護者に関する指導を行う」専門職として児童福祉法（第18条）に位置づけられ，「児童の保護者に関する指導」は保育の付加的な業務ではなく，保育と並ぶ役割であると定められました。特に，保育所保育士には，乳幼児期の保育の相談に応じることが求められています（児童福祉法第48条）。そして，2009年施行の保育所保育指針には，「保護者に対する支援」の章が創設され，保育所における保護者の子育てへの支援（以下，子育て支援）の体系が示されました。そこでは，保育所保育士による子育て支援は，施設の利用の有無にかかわらず子どもの誕生や育ちに関わる全ての家庭を対象とすること，保育という専門性に基づいて展開される専門的技術であることが明示されました。2018年施行の保育所保育指針では，「子育て支援」に章の名称が変更されましたが，その支援の体系は引き継がれています。このような動向を受けて保育士養成課程も改正され，2002年度からは「家族援助論」，2009年には「保育相談支援」が必修科目となり，子ども家庭支援を担う基礎力養成のための環境整備が図られました。そして，2019年施行の保育士養成課程において，旧課程の「家庭支援論」，「保育相談支援」，「相談支援」が，「子ども家庭支援論」と「子育て支援」に再編されました。

　この政策的な過程は，保育士の保護者に対する取り組みが，保育のための保護者との力にとどまらず，子育てにおける保護者のウェルビーイングを支持するものとして再評を得るまでの過程とも捉えられます。実践が示すように保育士による子ども家庭支援保育の専門性に基づく固有の理念や方法を有する援助行為です。しかし，保育士が子家庭への支援を業務として意識的に取り組み始めて年数が浅く，保育士が担う子ど支援の理論は，体系化の途上にあります。

　本書は，保育士による子育て支援は，保育という専門性に基づき展開される専門であることが保育所保育指針に明示されている意義を踏まえ，厚生労働省の標準に基づきつつ，保育の専門性による「子ども家庭支援」の展開を核として内容を解説しました。そのため，保育所保育士による保育の専門性に基づく子育て支示す用語として「保育相談支援」を採用しています。また，「子ども家庭支援論養成科目であることから，「保育士」という用語を用いていますが，幼稚園教も同様の役割を果たしています。さらに近年では，家庭的保育室，一時預か

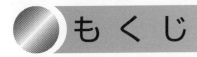

もくじ

やわらかアカデミズム
〈わかる〉シリーズ

よくわかる
子ども家庭支援論

橋本真紀/鶴 宏史
[編著]

ミネルヴァ書房

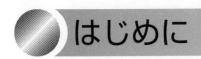

はじめに

　乳幼児を育てる家庭の多くは，子どもという新たな構成員を含め家庭として機能していく初期段階にあるといえます。家庭が機能していくことを支えていた親族や地域と，家庭とのつながりが薄れる中で，その代替機能を果たすことが保育士にも求められるようになりました。

　2001年，保育士は，「児童の保育及び児童の保護者に関する指導を行う」専門職として児童福祉法（第18条）に位置づけられ，「児童の保護者に関する指導」は保育の付加的な業務ではなく，保育と並ぶ役割であると定められました。特に，保育所保育士には，乳幼児期の保育の相談に応じることが求められています（児童福祉法第48条）。そして，2009年施行の保育所保育指針には，「保護者に対する支援」の章が創設され，保育所における保護者の子育てへの支援（以下，子育て支援）の体系が示されました。そこでは，保育所保育士による子育て支援は，施設の利用の有無にかかわらず子どもの誕生や育ちに関わる全ての家庭を対象とすること，保育という専門性に基づいて展開される専門的技術であることが明示されました。2018年施行の保育所保育指針では，「子育て支援」に章の名称が変更されましたが，その支援の体系は引き継がれています。このような動向を受けて保育士養成課程も改正され，2002年度からは「家族援助論」，2009年には「保育相談支援」が必修科目となり，子ども家庭支援を担う基礎力養成のための環境整備が図られました。そして，2019年施行の保育士養成課程において，旧課程の「家庭支援論」，「保育相談支援」，「相談支援」が，「子ども家庭支援論」と「子育て支援」に再編されました。

　この政策的な過程は，保育士の保護者に対する取り組みが，保育のための保護者との協力にとどまらず，子育てにおける保護者のウェルビーイングを支持するものとして再評価を得るまでの過程とも捉えられます。実践が示すように保育士による子ども家庭支援は，保育の専門性に基づく固有の理念や方法を有する援助行為です。しかし，保育士が子育て家庭への支援を業務として意識的に取り組み始めて年数が浅く，保育士が担う子ども家庭支援の理論は，体系化の途上にあります。

　本書は，保育士による子育て支援は，保育という専門性に基づき展開される専門的技術であることが保育所保育指針に明示されている意義を踏まえ，厚生労働省の標準シラバスに基づきつつ，保育の専門性による「子ども家庭支援」の展開を核として内容を構成し，解説しました。そのため，保育所保育士による保育の専門性に基づく子育て支援の体系を示す用語として「保育相談支援」を採用しています。また，「子ども家庭支援論」が保育士養成科目であることから，「保育士」という用語を用いていますが，幼稚園教諭，保育教諭も同様の役割を果たしています。さらに近年では，家庭的保育室，一時預かり事業等にお

いて勤務する保育者にも同様の役割が多分に求められています。

　今後，保育士による子ども家庭支援が体系化され，「子育ち」，「親育ち」，「親子関係の育ち」，そして「親子が存在する家庭や地域」を支える保育士の役割がより明確になること，保育士が専門職としての誇りをもって，保育という職域の専門性を発揮しながら子ども家庭支援に取り組めることを願っています。本書がその一つの手がかりとなれば幸いです。

　　2021年6月

橋本真紀

鶴　宏史

もくじ

用語の表記について

　保育所保育指針，保育所保育指針解説，幼保連携型認定こども園教育・保育要領，幼稚園教育要領については初出のみ正式な記載とし，それ以降はそれぞれ「保育指針」，「解説書」，「教育・保育要領」，「教育要領」と記載しています。また，類似する用語については，原則として下表のように統一しています。

採用用語	類似用語	説　明
保育士	保育者，保育士等	「保育士」で統一し，文脈上「保育者」「保育士等」の方が適切な場合は「保育者」などを使用しています。
従事者	スタッフ，職員，支援者	地域子育て支援拠点等の職員は「従事者」で統一しています。地域住民による支援は「地域の支援者」としました。
保護者	親	「保護者」で統一し，文脈上「親」の方が適切な場合は「親」を使用しています。
子ども家庭支援	子育て支援，家庭支援	「子ども家庭支援」で統一し，例えば，保育所保育指針の第4章「子育て支援」などの記載は「子育て支援」を使用したり，引用文献が「子育て支援」で記載されている場合は文献に合わせたりしています。
保育相談支援	子育て支援，保護者支援	「保育相談支援」で統一し，初出及び，用語の説明上必要な箇所は「保育の専門性を基盤とした保護者支援」と記載しています。
保育所	保育所，幼保連携型認定こども園，保育所型認定こども園	「保育所」で統一し，「保育所，幼保連携型認定こども園，保育所型認定こども園」を代表させています。文脈上「保育所や幼保連携型認定こども園」など列記している場合があります。
保育所等	保育所とその他児童福祉施設，保育所と家庭的保育事業等	「保育所等」は，保育所とその他児童福祉施設，家庭的保育事業，小規模型保育事業等を表する。文脈上，保育所と家庭的保育事業と限定する必要がある場合は，双方を併記しています。
子育て支援施設	子育て支援の施設，地域の子育て支援施設	子育てひろば，市区町村の総合子育て支援施設，地域子育て支援拠点事業等を全てを含んで評する際に使用しています。地域子育て支援拠点事業に限定して記載する必要がある箇所は，「地域子育て支援拠点事業」「子育てひろば」等と表記しています。
児童虐待	子ども虐待	「児童虐待」で統一し，文脈上「虐待」が適切な場合は「虐待」としています。
地域子育て支援	地域の子育て支援，地域の子育て家庭への支援，地域の子ども家庭支援	「地域子育て支援」で統一しています。

SERIES
ya
やわらかアカデミズム・〈わかる〉シリーズ

よくわかる
子ども家庭支援論

子ども家庭支援が求められる背景

1　子ども家庭支援とは

　家族とは,「夫婦・親子・きょうだいなど少数の近親者を主要な構成員とし,成員相互の深い感情的包絡（emotional involvement）で結ばれた,第一次的な福祉追求の集団」であり,多くの場合,「居住および／あるいは生計を共にする世帯（household）や,私的な欲求充足と情緒的交流の場としての家庭（home）という形態を成して」います。家族という用語が集団を意味するのに対し,家庭は,子育てや介護,周囲の人々との付き合い等,家族の生活の営み,その機能や場を含みます。たとえばカナダの家庭支援は,子育てを中心としつつも高齢者や障害者本人及びその家族への支援,地域における人々の支え合いをも射程に入れた幅広い取り組みを指します。このように子ども家庭支援とは,家庭の成立,営みへの支援,親子の成長や欲求充足への支援,家族関係の調整,家庭と社会の関係の創出や回復に関わる包括的な取り組みであるといえます。

　保育士は,児童福祉法に「（前略）専門的知識及び技術をもって,児童の保育及び児童の保護者に対する保育に関する指導を行う」（第18条）と定められています。つまり,保育士は,子ども家庭支援において,子どもの育ちと保護者の子育てに焦点を当てて支援を行う専門職と位置づけられています。保育士は,保育所やその他の児童福祉施設等において,子どもの育ちと保護者の子育て,そして親子関係を対象として支援を行います。時には,保育士も家庭のニーズに応じた支援を提供する他の専門機関と連携し,総合的な支援体制のなかで,チームの一員として保育を基盤とした子ども家庭支援を担います。

2　保育所保育士が担う子ども家庭支援の経過

　保育士は,「児童の保護者に対する保育に関する指導を行うこと」,つまり保護者の子育を支援する役割を有しています（児童福祉法第18条）。特に「保育所に勤務する保育士は,乳児,幼児等の保育に関する相談に応じ,及び助言を行うために必要な知識及び技術の修得,維持及び向上に努めなければならない」（児童福祉法第48条）と定められています。

　保育所における子育て家庭への支援の必要性が意識され,かつ法律に位置づけられるようになったのは1980年代後半からです。1993年には,**保育所地域子育てモデル事業**が予算化され,保育所の地域子育て支援の役割が示されました。

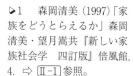

▷1　森岡清美（1997）「家族をどうとらえるか」森岡清美・望月嵩共『新しい家族社会学　四訂版』倍風館,4. ⇨ Ⅱ-1 参照。

▷2　山根常男（1998）「21世紀の家族」日本プライマリ・ケア学会誌『プライマリ・ケア』11(3),224-225.

▷3　小出まみ（1999）『子育てが楽しめる仕組み』「地域から生まれる支え合いの子育て」ひとなる書房,9.

▷4　保育所地域子育てモデル事業
1995年より地域子育て支援センター事業と改名,2007年に地域子育て支援拠点事業として再編された。

1997年には，児童福祉法改正により，保育所に地域の子育て家庭を対象とした保育に関する相談・助言の努力義務が課せられました。そして，2001年の児童福祉法改正では，保育士の業務に「児童の保護者に対する保育に関する指導」が定められ，保育士は保育とともに，保護者の子育てへの支援の役割を有する専門職であることが明らかとなりました。このような法的な位置づけを根拠として，2008年改定の保育所保育指針（以下，保育指針）では，「保護者に対する支援」の章が創設され，2017年告示の保育指針においても，保護者の子育てへの支援は，保育と並行して，かつ一体的に取り組まれる重要な業務であることが示されています（第4章）。また，幼保連携型認定こども園においても，保育機能，教育機能と並列して，子育て支援機能が位置づけられ，その内容は『幼保連携型認定子ども園教育・保育要領』（第4章）に示されました。

③ 子ども家庭支援が求められる背景

　雇用者数，共働き家庭，離婚率の増加などを背景として働き方や家庭のあり方が変容し，1980年代頃より，家庭と地域の子育て機能の低下が懸念されるようになりました。さらに出生率の低下が，地域の子どもや子育て家庭の数の減少をもたらし，地域のなかでの子ども同士の育ち合いや子育て家庭と地域の人々の支え合いが生じにくくなりました。また，子どもや子育てに関わることなく親になる人も多くなっていました。このように，出生率の低下が，子どもの育ち，子育て家庭や社会の機能に深刻な影響を与えることが懸念され，1990年代以降，子育て家庭を対象とした支援サービスの拡充が図られました。

　しかし，出生率はさらに低下し，児童虐待の相談件数も増加し続け，子育ての負担感の増幅も報告されるようになりました。社会が子どもの育ちや子育てを正当に評価していないため，経済社会情勢や価値観の変容のなかで，子どもの育ちや子育て家庭の現実と制度の乖離が進んだともいわれています。さらに**子育て世代の移動率**[6]やひとり親家庭の相対的貧困率の高さ，外国にルーツをもつ乳幼児の増加なども着目されるようになりました。そのようななか，保育所，その他の児童福祉施設，認定こども園等，子どもに関わる専門機関にそれぞれの専門性を生かした子ども家庭支援が求められています。また，複合的なニーズを有する家庭への支援の必要性も認識されるようになり，近年では，地域における包括的な子育て家庭支援体制[7]や分野横断的な相談支援体制の構築が目指されています。地域子育て支援では，**子どもと家庭のウェルビーイング**[8]を目指して，子どもが生まれる以前から地域のなかで家庭が共生できる仕組みをつくるような事業[9]も始まっています。そこでは，子どもと家庭の育ちや自己実現を支えるのと同時に，子どもや子育て家庭を取り巻く地域社会に働きかけ，その変容を支えながら子育て家庭と地域の育ち合いを支援します。

（橋本真紀）

▷5　柏女霊峰（2011）「子ども家庭福祉・保育の幕開け」誠信書房，1-2.

▷6　**子育て世代の移動率**
5年前の居住地が現住所地と異なる人の割合は，25〜29歳，30〜34歳で50％を超え，35〜39歳でも約40％となっている。（国立社会保障・人口問題研究所（2016）「調査の概要」『第8回人口移動調査』，6.）

▷7　たとえば，市区町村子ども家庭総合支援拠点などがある。平成28年度に児童福祉法が改正され，市区町村子ども家庭総合支援拠点の整備について市区町村の努力義務が定められた。子ども家庭支援全般に係る相談業務，総合調整，要支援家庭，要保護家庭の支援において関係機関の連絡調整等を行う。母子保健事業を中心とする子育て世帯包括支援センターを同一主担当機関が二つの機能を担うとされているが，困難な場合は二つの拠点が連携して子育て家庭の支援を行う。

▷8　**子どもと家庭のウェルビーイング**
⇨ Ⅰ-2 参照。

▷9　たとえば，利用者支援事業基本型は，個別の子育て家庭のニーズに応じて支援に結びつける「利用者支援」と子育て家庭と地域をつなげる「地域連携」を行っている。地域連携は，他の専門機関等の連携も含まれるが，本事業における地域連携は，地域において近隣住民や住民による子育て支援活動などのつながりに，子育て家庭を巻き込んでいく働きが中心となる。

保育所における子ども家庭支援の変遷

　家庭と保育所の関係は，保育指針の制定当初は子どもの保育のための連携に限定されていましたが，近年では，子どもの育ちを共に支える協力関係を前提としつつ，保育所が保育の専門性を基盤としながら家庭の子育てを支えるようになりました。転換点は，2001年の保育士資格の法定化にあります。児童福祉法において，「保護者に対する保育に関する指導」が保育士の業務として位置づけられたことが契機となり，保育のために行っていた保護者との関わりが子ども家庭支援として評価されるようになりました。家庭と保育所は，子どもを育てる協力者であると同時に，家庭の子育てがよりよく機能するために，特に子育て初期には支援が必要であると認識されるようになり，すべての入所家庭への支援が保育指針に示されるようになりました。

1　保育所保育指針にみる子ども家庭支援の変遷

　1965年制定時の保育指針では，家庭と保育所は，「相互の理解を深め合い」ながらそれぞれの役割を果たすことを原則とし，「保育を効果あるものとするよう努める」とされていました。そして，家庭に課題がある場合は，保育所が温かい配慮を特別に行うと記されていました（第1章3，10）。つまり，当時の保育所では，家庭養育と保育所保育が自立的に機能していることを前提としつつ，子どもの育ちを支えるために連携が必要であると考えられていました。

　1980年代後半頃より，少子化等を背景として子ども家庭支援の必要性が強く意識されるようになり，保育所においても保育の専門機関としての子ども家庭支援のあり方が模索されるようになりました。1990年改訂の保育指針では，「家庭や地域社会と連携を密にして，家庭養育の補完を行う」（第1章総則）こと，「保護者との密接な連携が必要である」（第12章）こと等，子どもの育ちを支えるための家庭との連携の重要性が，複数の章に示されました。その一方で，「保護者が子どもの状態を理解できるようにする」や「保護者を指導する」（第12章）等，保育所による家庭への指導的観点も示されるようになりました。

　2000年改訂版からは，子ども家庭支援の内容が具体的に示されるようになりました。家庭との関係は，1990年改訂版と同様に家庭養育の補完を行うとされ，「虐待などへの対応」（第12章），「障害のある子どもの保育」や「特別な配慮を必要とする子どもと保護者への対応」（第13章）において家庭への支援内容が示されました。さらに，「地域における子育て支援」（第13章）の項目が設けられ，

保育所が「乳幼児の保育に関する相談・助言」を行うとされました。ただし，ここでの子ども家庭支援は，虐待家庭等の特別なニーズを有する家庭，保育所に入所していない地域の子育て家庭を対象としていました。保育所に入所している全ての家庭を対象とした取り組みは，多くは保育のための働きと捉えられ，保育指針ではその必要性や方法は明示されていませんでした。

保育所に入所する全ての家庭への支援が明確に示されたのは，2008年改定の保育指針でした。2001年の児童福祉法改正において保育士の業務に保護者支援が規定されたことを受け，「保護者に対する支援」（第6章）に関わる章が創設されました。第6章では，保育所における子ども家庭支援の基本的姿勢と，入所児童の保護者（全ての家庭）への支援，及び地域子育て支援の内容が具体的に示されました。特に基本原則として，保育所における子ども家庭支援は，保育士の専門性や保育所の特性を生かして行うことが明記されました。さらに，保育所保育指針解説（以下，解説書）では，保育士が担う子ども家庭支援は，保育の専門性を基盤とした支援方法であることが示されました。

2017年改定の保育指針に示される子ども家庭支援は，保育の専門性や特性を生かして取り組むという原則が引き継がれました。ただ，変更点も認められます。

- 「保護者への支援」から「子育て支援」へ章の表題を変更。保育所における保護者支援は，保護者の子育てを支援することを明示。
- 特別な支援を必要とする家庭として外国籍の家庭を例示に追加。
- 地域の子育ての拠点としての機能の具体例の削除，地域子育て支援においても保育の専門性を生かすことを明記。
- 解説書においては，保育所はソーシャルワーク機能を担うのではなく，ソーシャルワーク機能を担う専門機関と連携しながら，家庭を支援すると整理。

② 保育所保育指針に示される子ども家庭支援の三つの変化

一つは，家庭と保育所の関係の変化です。家庭養育が機能して当然であるという認識を前提とした協力関係から，保育所による家庭養育への指導の強調を経て，保育所と家庭は共に子どもを育てる協力者であることを前提としつつ，保育所が家庭を支援することが必要であると示されるようになりました。

二つ目は，対象の明確化です。子ども家庭支援の対象は，特別なニーズがある家庭，地域の子育て家庭，保育所を利用するすべての家庭，外国籍の家庭等と徐々に実態に沿って具体的な対象が示されるようになりました。

三つ目は，保育士の子ども家庭支援は，保育の専門性を基盤とすることが明示されたことです。2008年改定版までは，ソーシャルワーク等，他の専門性を活用することも想定されていました。しかし，2017年改定の解説書では，保育士の子ども家庭支援は，保育の専門性を基盤としながら展開し，ソーシャルワークを担う専門機関と連携すると整理されました。　　　　　　　　（橋本真紀）

3　子ども家庭支援の基本理念

▷1　ウェルビーイング（well-being）
世界保健機関憲章前文には，「健康とは，病気ではないとか，弱っていないということではなく，肉体的にも，精神的にも，そして社会的にも，すべてが満たされた状態（well-being）にあることをいいます」（日本WHO協会仮訳）と訳されている。また「良好な状態」や「よりよく生きること」と理解されることもある。
https://www.japan-who.or.jp/about/who-what/charter/　2020年5月10日閲覧。
▷2　児童福祉法（第1条総則第2条2）では，「児童の保護者は，児童を心身ともに健やかに育成することについて第一義的責任を負う」と定めている。この保護者の意味は，子どもの養育者という社会的な立場のみを示す用語と解釈される。この項目では，保護者という役割のみでなく，社会における一人の存在としての意味を含めるため「親」という用語を使用する。
▷3　鯨岡峻（2000）『「育てられる者」から「育てる者」へ』NHKブックス．
▷4　子ども・子育て支援法　第1章総則第7条．
▷5　「児童の権利に関する条約」は，1989年に国際連合が採択し1990年に発行し，日本は1994年に批准した。
▷6　児童の権利に関する条約前文．

① 子どもと親のウェルビーイングの実現

　ウェルビーイング（well-being）[1]とは，良好な状態にあること，よりよく生きることです。子どもと親[2]は，人として同じ基本的人権，尊厳，価値を有し，共にウェルビーイングであることを保障されるべき存在です。

　ただし，子どもと親は，「育てられるもの」と「育てるもの」という社会における立場が異なります[3]。子ども・子育て支援法は，「子ども・子育て支援」の定義で「全ての子どもの健やかな成長のために適切な環境が等しく確保されるよう（後略）[4]」と述べています。これは子ども・子育て支援法が，子どもの育ちやウェルビーイングの保障を目的としていると理解できます。親は，子どもの育ちに第一義的な責任を有しています。しかし親は，親になった瞬間からその子に応じた親としての役割を発揮できるわけではありません。親は，子どもという存在を迎え，親としての役割の果たし方，その子に応じた関わり方を身につけ親になっていくのです。児童の権利に関する条約（以下，子どもの権利条約[5]）は，親が子どもを育てる力を発揮できるよう援助することが国の責任であり，それは子どもの育ちや福祉のための環境を支えると述べています[6]。また，**子どもの権利委員会**[7]は，「子どもの権利の実現は，相当程度，そのケアに責任を負う者のウェルビーイングおよびそのような者が利用可能な資源に依拠している」と指摘しました。子どもの権利の実現と親のウェルビーイングの相互の影響を認めることは，家庭の支援やサービスを計画する際の健全な出発点であるとしています。子どもの権利の実現と親のウェルビーイングは相互に影響し合うという原理を踏まえれば，子ども家庭支援の計画や実践は，子どもと親双方のウェルビーイング実現を目指して取り組む必要があります。

② 子どもの最善の利益の考慮

　子どもの最善の利益とは，子どもの権利条約に定められている原則であり，子どもに関するすべての措置は，関わる専門機関，行政等いずれにおいても子どもの最善の利益を主として考慮するとされています。また締結国には，保護者が子どもの成長や福祉の環境としての働きを引き受けられるよう援助する責任があります[8]。つまり，子どもの権利条約は，子どもの健やかな育ちと福祉を支える国，関係諸機関，保護者の責任と，その保護者の子育てを支える国の責

任という子どもの福祉を中心とした重層的な支援関係を示しています。

　ただし，何を子どもの最善の利益と捉えるのかについては，子どもの権利条約においても明らかにされていません[9]。その子にとって何が最善であるかは，子どもの育ちを見通しながら子どもと保護者，保育士，周囲の人々で協力し，多面的に今この時と将来，双方の利益について有する情報や知恵を持ち寄り見出していきます。その際，保育士は，保護者は保育士が得られない子どもとの経験を有するその子の「専門家」として，保護者を尊重する必要があります。

　さらに保育士には，子どもの最善の利益≠子ども最優先であることへの理解が求められます。保育所等では，子どもの最善の利益の考慮が保育の原則に位置づけられ，施設の物理的環境，職員の配置，保育実践，すべてが子どもの最善の利益の保障に向けて取り組まれています。そこでは，子どもの最善の利益と子どもが最優先であることの離齬は少ないでしょう。しかし，家庭の暮らしでは，子どもと保護者双方の都合を調整して生活を成り立たせています。常に子どもを最優先にできない状況もあります。子どもの最善の利益の判断においては，家庭と保育所等のあり方の違いを考慮することも重要です。

③ 地域共生社会の実現

　地域共生社会とは，「制度・分野ごとの『縦割り』や『支え手』『受け手』という関係を超えて，地域住民や地域の多様な主体が『我が事』として参画し，人と人，人と資源が世代や分野を超えて『丸ごと』つながることで，住民一人ひとりの暮らしと生きがい，地域をともに創っていく社会[10]」です。これまで日本の社会福祉は，高齢者福祉，障害者福祉，児童福祉等，分野制度別にそれぞれの課題解決を目的としてサービスや事業の拡充が図られてきました。一方，近年，ダブルケア[11]や8050問題[12]など，一つの家庭が抱える支援ニーズが複数の分野に関わることも把握されるようになりました。このような状況に対応するため，2018年に社会福祉法が改正され，住民の生活圏域における包括的な支援体制づくりに取り組むことが目指されています。またこの包括的な支援体制が，「地域住民の気にかけ合う関係性」に支えられることで，その家庭が地域につながり続けられることも期待され，そのための地域づくりも並行して取り組まれます。保育所等も保護者や地域住民に支えられ，「支え手」「受け手」の立場の入れ替わりも意識されるようになるかもしれません。保育所等も地域を構成する一つの資源として，地域の人々や他の専門職と機能を補完し合いながら子育て家庭を支えるという働きがより強く求められるようになります。

　これらの三つの基本理念を踏まえれば，子ども家庭支援の役割は，子どもの育ち，親の育ち，親子関係の育ち，親子の地域への参画を支えること，親子を支える地域をつくることといえ，その働きの重心は施設等により異なります。

（橋本真紀）

▷7　子どもの権利委員会
子どもの権利委員会(2005)一般的意見7号「乳幼児における子どもの権利の実施」子どもの権利委員会一般的意見7号2005年採択 http://www.nichibenren.or.jp/library/ja/kokusai/humanrights_library/treaty/data/child_gc_ja_07.pdf　2020年5月10日閲覧。

▷8　児童の権利に関する条約前文および第18条の2.

▷9　「子どもの最善の利益」については，児童の権利に関する条約を批准したそれぞれの国で研究することが奨励されている。（荒牧重人（2009）「第3条 子どもの最善の利益」喜多明人・森田朋美・広沢明・荒牧重人（編）『逐条解説 子どもの権利条約』日本評論社，63-66.）『児童の権利に関する条約』https://www.mofa.go.jp/mofaj/gaiko/jido/zenbun.html　2018年10月5日閲覧。

▷10　「地域共生社会の実現に向けて（当面の改革工程）【概要】」.
平成29年2月7日 厚生労働省「我が事・丸ごと」地域共生社会実現本部決定。https://www.mhlw.go.jp/file/04-Houdouhappyou-12601000-Seisakutoukatsukan-Sanjikanshitsu_Shakaihoshoutantou/0000150631.pdf　2020年5月10日閲覧。

▷11　ダブルケア
⇨ X-7 参照。

▷12　8050問題
ひきこもりが長期化し，50歳代の引きこもりの子どもを80歳の親が養っている家庭への支援が必要であると認識されるようになっている。

子ども家庭支援を方向付ける概念

▷1　エンパワメント
Johnson, Louise C. & Yanca, Stephen J. (2001) Social Work Practice: A Generalist Approach (7thed.), Allyn and Bacon. (ジョンソン, L. C., ヤンカ, S. J., 山辺朗子・岩間伸之訳 (2004)『ジェネラリスト・ソーシャルワーク』ミネルヴァ書房, 601.)

▷2　狭間香代子 (2016)「ソーシャルワーク実践における社会資源の創出――つなぐことの論理」関西大学出版部, 99.

▷3　狭間, 2016, 105.

▷4　狭間, 2016, 93.

▷5　萱間真実 (2019)『リカバリー・退院支援・地域連携のためのストレングスモデル実践活用術』医学書院, 9-15.

▷6　チャールズ・A・ラップ, リチャード・J・ゴスチャ, 田中英樹監訳 (2014)『ストレングスモデル第3版――リカバリー志向の精神保健福祉サービス』金剛出版, 45-66.

▷7　狭間, 前掲書, 1.

▷8　萱間, 前掲書, 15-16.

▷9　Short Dan, Betty Alice Erickson, Erickson-Klein, Roxanne (2005) Hope & Resiliency: Understanding the Psychotherapeutic Strategies of Milton H. Erickson, MD Crown House Publishing Limited. (ダン・ショート, ベティ・アリス・エリクソン, ロキサンナ・エリクソン‐クラ

エンパワメント（Empowerment）

　エンパワメントとは,「生活の状態を改善する行動をとれるよう, 個人的, 対人関係的, 政治的な力を強めていく過程」といわれ, 個人の力の発揮を支えることから社会的変革までを捉える概念です。エンパワメント・アプローチでは, 個人, 家族, 集団, 地域（以下, その人）を対象とし, 彼らが内部から力を発展させていくことに共に取り組みます。そこでは, その人が困っていることを彼らが有する問題ではなく, 彼らが挑戦する対象と捉えます。暮らしのなかに生きにくさがある人は, 挫折感を感じていたり, 自身や自分の状況について否定的な見方を強めていたり, 失敗を予測していることがあります。このように自分自身に無力さを感じている時, 人は自身と社会の間にある課題の解決に向けて主体的に計画し, 行動を変化させることが難しくなります。

　エンパワメント・アプローチでは, その人が力をつけるために内面にある動機への気づきを支え, 彼らが有する資源, 利用できる資源を共に見出し, 資源との交渉に必要な技術を共に探ります。支援者は協働者であり, 無力感の克服や回復に向けてその人が主導するプロセスに伴走します。その人の認知や経験には価値があることをフィードバックし, その人が行きつ戻りつしながらも, 小さな社会的承認, 自己有用感等を積み上げて, 気づきや理解, 自信を深めること, 主体的に変化を起こすことを支えます。そのプロセスにおいて仲間や社会資源とつながり分かち合う体験を得ることは, その人に力をつけることになり, その人と社会資源を結びつけることが不可欠です。エンパワメントとストレングス視点は密接な関係をもち, レジリエンスやストレングスは, エンパワメントのプロセスで用いられる支援の観点であるともいわれています。

2 ストレングス（Strength）

　ストレングスとは, 人や集団, 家族, 地域に備わっている願望, 希望, 技能, 力量, 素質, 知識, 手腕, 才能, 能力, 環境等であり, すべての人（集団等）がストレングスを備えています。1980年代後半からソーシャルワークの領域でストレングス視点が体系化され, 近年では, 看護等他の領域においても注目されるようになりました。ストレングスモデルでは,「その人らしさ, その人の強みに着目」し, その人の能力, 関心等に基づいて, 成長や心身の回復, 生活

の再建などを支えます。支援者は，単に肯定的な側面にのみ着目するのではなく，その人が自身を取り巻く環境や自らが有する資源のストレングスに気づき，活用できるように共に取り組みます。そのプロセスでは，常にその人の意思，願いを生かし，目標や支援計画もその人と共に組み立てます。他機関連携においては，時に専門的観点の違いから連携や協力に困難さを感じます。ストレングスモデルは，福祉，看護，保育等の異なる専門領域で共有されていることもあり，協働的な支援体制をつくる手がかりになります。

❸ レジリエンス（Resilience）

レジリエンスとは，回復力，復元力を意味する用語であり，心理学領域では「立ち直る力」[9]と訳されることもあります。子ども家庭福祉領域では，「逆境にもかかわらず，うまく適応すること」[10]と定義されています。レジリエンスもまた，個人，家族，集団，地域など社会のあらゆるレベルが備えていると考えられています。子どもや家庭は，病気，親の離婚，虐待，貧困，災害，戦争などにより，その発達や機能が阻害されることがあります。そのような困難な環境にあっても，能力が維持されたり，他者や状況に対してうまく取り組み課題を克服するなど，レジリエントな子どもがいることが把握されるようになりました。レジリエンスは，良好な発達をもたらし，逆境に打ち勝つことを促す内的，外的なストレングスにより現れます[11]。レジリエンスは，その人の特性と環境（資源）の複雑な交互作用により生じ，子どもの場合，必ずといってよいほどすぐれた対人関係や環境（資源）が見受けられるといわれています[12]。

❹ 社会的包摂（Social inclusion）

社会的包摂は，対の用語とされる社会的排除と共に，その意味は一様ではありません。2000年代以降，日本の福祉政策では，コミュニティの再生という政策提言の文脈において社会的包摂が語られるようになりました。「社会的な援護を要する人々に対する社会福祉のあり方に関する検討会報告書」（2000）では，「今日的な『つながり』の再構築を図り，すべての人々を孤独や孤立，排除や摩擦から援護し，健康で文化的な生活の実現につなげるよう，社会の構成員として包み支え合う（ソーシャルインクルージョン）ための社会福祉を模索する必要がある」[13]と述べられています。ここでは，「つながりの再構築」の必要性が提案され，その提案は，2008年の「地域における『新たな支え合い』を求めて」[14]，2019年の「地域共生社会推進検討会」最終とりまとめ[15]においても引き継がれました。そこでは，専門職による伴走型支援と並行して取り組まれる地域住民同士の支え合いによって，個人と地域・社会とのつながりが回復し，社会的包摂を実現することが期待されています。

（橋本真紀）

イン著／浅田仁子訳（2020）『ミルトン・エリクソン心理療法――〈レジリエンス〉を育てる』春秋社，3.

▷10 Fraser, Mark W. ed. (2004) Risk and Resilience in Childhood: An Ecological Perspective 2nd ed. The National Association of Social Workers, Inc.
（マーク・W・フレイザー編著／門永朋子・岩間伸之・山縣文治訳（2009）『子どものリスクとレジリエンス――子どもの力を活かす援助』ミネルヴァ書房，33.）

▷11 Fraser, ed., 2004, 7.

▷12 Fraser, ed., 2004, 30-34.

▷13 「社会的な援護を要する人々に対する社会福祉のあり方に関する検討会報告書」平成12年12月8日 厚生省・社会的な援護を要する人々に対する社会福祉のあり方に関する検討会（www.ipss.go.jp/publication/j/shiryou/no.13/data/shiryou/syakaifukushi/833.pdf）2020年5月10日閲覧。

▷14 「地域における「新たな支え合い」を求めて――住民と行政の協働による新しい福祉」平成20年3月31日 これからの地域福祉のあり方に関する研究会 https://www.mhlw.go.jp/shingi/2008/03/s0331-7a.html 2020年5月10日閲覧。

▷15 「地域共生社会に向けた包括的支援と多様な参加・協働の推進に関する検討会」最終とりまとめ（概要）令和元年12月26日 地域共生社会推進検討会 https://www.mhlw.go.jp/content/12602000/000582595.pdf 2020年5月10日閲覧。

子ども家庭支援の対象

 ## 保育士が担う子ども家庭支援の対象

　保育士が担う子ども家庭支援の対象は，子どもの誕生や育ちに関わるすべての家庭（以下，子育て家庭）です。児童福祉法（第7条1）に示される児童福祉施設は表I-1に示す12種あり，職員配置に保育士が示されている施設は10種です。この規定から保育士の子ども家庭支援の対象としては，虐待されている児童の家庭，子どもを育てられない家庭，里親（里親希望）の家庭，保育を必要とする乳幼児の家庭，障害児の家庭，不良行為がある（おそれがある）児童の家庭，生活指導等を要する児童の家庭，地域の子育て家庭，母子家庭などがあげられます。またそれらの対象には，誕生から18歳までの子どもを含みます。一人の保育士がすべての子育て家庭を対象として支援を行うのではなく，保育士が勤務する施設や事業等によって，対象となる家庭は異なります。

保育所の子ども家庭支援の対象

　保育所の子ども家庭支援の対象としては，保育所に入所しているすべての子育て家庭（以下，入所家庭），地域の子育て家庭（以下，在宅家庭）があります。広義の子ども家庭支援では，入所家庭の子どもと保護者，在宅家庭の子どもと保護者が支援対象となります。狭義の支援対象は，入所家庭と在宅家庭の保護者です。保育指針では，保育の対象として入所するすべての子ども，子育て支援の対象として入所家庭と在宅家庭の保護者が示されています。一方で，在宅家庭の子どもについては，一時預かり事業等の対象として示されていますが，それらの事業を利用しない子どもへの支援については触れられていません。少子化や共働き家庭の増加などにより，在宅家庭の子どもが地域のなかで他の子どもと出会う機会が少ないこと，遊びの体験が狭いことなどによる育ちへの影響が心配されます。保育士は，保育の専門性を発揮して，在宅家庭の子どもを対象とした支援を行うことも可能であり，実際に，園庭開放，行事の開放等により在宅家庭の子どもの育ちを支えています。保育士には，在宅家庭の子どもも対象に含むことを意識して，子ども家庭支援を展開していくことが求められます。

　解説書（第3章，第4章）では，保育所における子ども家庭支援の対象をより具体的に捉えるために，支援の対象として次のような家庭が例示されています。

表 I-1　児童福祉法に示される児童福祉施設の対象と役割

施設名	児童福祉法に示される施設の対象		保育士配置＊
助産施設	妊産婦	第36条	―
乳児院	乳児（特に必要のある場合には，幼児を含む。）	第37条	看護師を保育士に代替可能
母子生活支援施設	配偶者のない女子又はこれに準ずる事情にある女子及びその者の監護すべき児童	第38条	母子生活支援員の任用規定に保育士あり
保育所	保育を必要とする乳児・幼児	第39条	保育士必置
幼保連携型認定こども園	乳児・幼児	第39条2	保育士必置
児童厚生施設	児童	第40条	児童の遊びを指導する者の任用規定に保育士あり
児童養護施設	保護者のない児童（特に必要のある場合には，乳児を含む。）虐待されている児童，環境上養護を要する児童	第41条	保育士必置
障害児入所施設	障害児	第42条	保育士必置
児童発達支援センター	障害児	第43条	保育士必置
児童心理治療施設	家庭環境，学校における交友関係その他の環境上の理由により社会生活への適応が困難となった児童	第43条2	保育士必置
児童自立支援施設	不良行為をなし，又はなすおそれのある児童及び家庭環境その他の環境上の理由により生活指導等を要する児童	第44条	自立生活支援員の任用規定に保育士あり
児童家庭支援センター	地域の児童，及び児童に関する家庭その他	第44条2	―

注：＊「児童福祉施設の設備及び運営に関する基準」より各施設の定義において対象が示された箇所のみ抜粋。

慢性疾患や障害がある子どもの家庭，発達に支援を必要としている子どもの家庭，アレルギーがある子どもの家庭，医療的ケアを必要している子どもの家庭，不適切な養育等虐待がある家庭，外国籍家庭や外国にルーツをもつ家庭，ひとり親家庭，貧困家庭など社会的困難を抱えている家庭です。▷1

　保育士や保育所は，特別なニーズの有無にかかわらずすべての子育て家庭を対象として，よりよく親子関係が機能するように，子育てに困っている，子育ての苦労がある，育てにくさを感じるという段階から日常のなかで支援を行っています。特別なニーズを有する家庭もまた，日常において子育ての苦労等を有しています。特別なニーズを有する家庭への支援では，それぞれのニーズに応じた支援を提供する専門機関と連携し，チームで総合的に支援を行っていく必要があります。保育士は，チームの一員として他の専門機関と連携しつつ，それらの家庭の日常のなかで保育を基盤とした子ども家庭支援を行います。

❸　子ども家庭支援の対象となる家庭の状態

　保育指針には示されていませんが，保護者に障害がある家庭，**ドメスティック・バイオレンス（DV）**▷2 がある家庭，また里親家庭，**近隣に親族や友人がいない子育て家庭**▷3 などへの支援も求められています。近年では，子育てと介護のダブルケアなど複合化した支援ニーズを有する家庭への理解が進み，それらの家庭への支援も始まっています。保育士は，それぞれの家庭の状態や事情を個別に，かつ総合的に理解したうえで，チームのなかで保育の専門性に基づく子ども家庭支援を行います。また災害時に，状況に応じて子どもの育ちや子育てに関わる情報を提供することや，感染症の流行時に予防策や子どもの感染時の対策を知らせるなども子ども家庭支援に含まれます。

（橋本真紀）

▷1　⇨ V-6 参照。

▷2　ドメスティック・バイオレンス（domestic violence）
「配偶者からの暴力の防止及び被害者の保護等に関する法律」に定められる「配偶者からの暴力」とは，配偶者からの身体に対する暴力，又はこれに準ずる心身に有害な影響を及ぼす言動をいう。配偶者には，元配偶者，同居する交際相手等も含む。

▷3　近隣に親族や友人がいない子育て家庭
全国で地域子育て支援拠点を利用している母親のうち72.1％が「自分の育った市区町村以外で子育てをしている」（通称，アウェイ育児）と回答。
「地域子育て支援拠点事業に関するアンケート調査2015」（NPO法人子育てひろば全国連絡協議会　調査研究担当：ひろば全協理事岡本聡子）

子ども家庭支援の技術

 子ども家庭支援において保育士が用いる主な技術

○保　育

　保育士が担う保育とは，児童福祉法（第18条の4）において定められている「児童の保育」であり，18歳未満の子どもを対象とした専門的なケアワーク業務を指します。保育士は，子どもを対象としたケアワークの知識や技術を共有しつつ，勤務する施設特性や業務に応じた専門的知識や技術も有しています。

　たとえば，保育所の保育士が担う保育は，教育的機能も含まれます。保育指針では，「教育とは，子どもが健やかに成長し，その活動がより豊かに展開されるための発達の援助である」（第2章）と定義されています。そして，保育所保育は，「（前略）養護及び教育を一体的に行うことを特性とし」，「子どもが現在を最も良く生き，望ましい未来をつくり出す力の基礎を培う」（第1章）とされています。保育所保育士の保育の知識及び技術としては，発達援助，生活援助，環境構成，遊び，関係構築の展開の5つがあります（解説書第1章）。

○保育相談支援（保育の専門性を基盤とした保護者支援）

　保育士が担う子ども家庭支援の援助技術の一つとして**保育相談支援**[1]があります。保育相談支援は，解説書第4章に示される「保護者が支援を求めている子育ての問題や課題に対して，保護者の気持ちを受け止めつつ行われる，子育てに関する相談，助言，行動見本の提示その他の援助業務の総体を指す。子どもの保育に関する専門性を有する保育士が，各家庭において安定した親子関係が築かれ，保護者の養育力の向上につながることをめざして，保育の専門的知識・技術を背景としながら行うものである」という一文を根拠としています。

　つまり，保育相談支援とは，保育士が子育て家庭を対象として，保育の専門性を基盤としながら行う子育て支援の体系です。保育士は，保育の知識や技術の観点から保護者の子どもへの関わり，子どもの反応，親子関係を捉え，その保護者の状況，状態，特性，場面に応じて保護者を対象とした技術を用いて働きかけます。その働きかけは，保育指針，児童養護施設運営指針等に示される倫理や基本的な考え方（原則・原理）に基づきます。保育相談支援の取り組みのほとんどは，保育所の送迎時，連絡帳，その他児童福祉施設を含め運動会など，親子の日常や生活場面で保育と関連しながら展開されます。また，保育相談支援のプロセスでは，子どもの育ちを支えるために必要とされる関わりや環

▷1　**保育相談支援**
保育相談支援の原理については第3章，保育相談支援の構造，技術，実践については第4章で詳述する。
（厚生労働省「第4章　子育て支援」『保育所保育指針解説書』平成30年，342.）

境を，保護者の親としての経験や知識と保育士の専門職としての経験や知識を持ち寄り見出していくことが求められます。

○連　携

　子ども家庭支援における連携とは，子育て家庭支援を担う機関，専門職，関係する地域の団体や人々が，子どもの育ちや家庭の子育てを支えることを目的として，互いに連絡をとり，協力し合って支援活動を行うことです。組織内では，施設長，主任，担当保育士等が連携し，組織的に支援活動を行います。施設長や主任保育士は，組織外の関係機関等との連携窓口の役割も担います。

　保育指針では，外国籍など特別な配慮を必要とする家庭，保護者の育児不安等がみられる家庭，不適切な養育等が疑われる家庭等への支援にあたっては，必要に応じて市町村の関係機関等と連携して支援を行うとされています。地域の子育て支援においては，市町村の関係機関に加えて，地域の住民活動や人々との連携も求められています。地域の多様な人々と連携して子育て家庭を支援することは，子どもの育ちや子育てを支えるとともに，子育て家庭と地域の人々がつながるきっかけを提供し，地域社会の活性化に発展していくこともあります。また，児童養護施設運営指針では，関係機関との連携における留意点が示されています。関係機関等の機能や連絡方法等の情報を整理し職員間で共有する，関係機関等と定期的な連携の機会を確保し，具体的な事例検討会等を行う，入所する子どもが通う幼稚園等の学校との連携を密にすることです。

❷ その他の子ども家庭支援に関わる援助技術

　保育士が子ども家庭支援において援用する技術として，ソーシャルワークやカウンセリングがあります。それらの基本原則である，受容，自己決定の尊重などは，保育指針第4章にも示され，日々の保護者との関わりのなかで用いられています。また，連携や個別支援においては，ソーシャルワークやカウンセリングの知識や技術を参考にすることもあります。ただし保育士は，他の専門職にはない保育の知識や技術を有しており，その職場の専門性を発揮して子ども家庭支援を行うことが求められます。保育士はそのことを理解し，専門職としての誇りをもって保育や保育相談支援に取り組むことが必要です。

　ソーシャルワークと連携は，混同して捉えられることがあります。連携は，複数の機関が子育て家庭を支援するために目的や情報を共有し，連絡し合いながら協力している状態です。一方，ソーシャルワークは，複数の機関や人々の関係（システム）全体を視野に入れ，支援に必要な機関や人々がその家庭の支援のためにより良い働きを発揮できるよう関係や力動を調整して援助体制をつくり，援助体制（システム）全体の機能を促進します。保育士は，ソーシャルワーカーがつくる援助体制の一員として，他の機関や地域や人と連携しながら保育や保育相談支援を担います。

（橋本真紀）

▷2　施設長や主任保育士等には，組織内の援助体制を構築し，運営する役割がある。そこでは，組織内のコーディネーション，職員へのスーパービジョンを行うための知識や技術が必要となる。

　コーディネーション（Coordination）とは，対象となる子育て家庭の支援に向けて，援助者間の関係や支援の取り組みを調整するプロセス。保育所の施設長や主任保育士は，組織内の支援のための体制を編成し，その関係や取り組みを調整する。また，外部機関に子育て家庭のニーズや援助体制の編成が必要であること等を伝えたり（アドボカシー），外部の複数機関による援助体制の一員として働くことが多い。ただし，保育所以外の児童福祉施設は，家庭支援専門相談員等が配置されており，他の機関等を含めた援助体制を運営する主幹機関になることもある。

　スーパービジョン（Supervision）とは，スーパーバイザーがスーパーバイジーに対して行う援助のこと。スーパーバイザーとは，スーパーバイズを行う人，スーパーバイジーとは，スーパーバイズを受ける人や集団等である。スーパービジョンには，管理的機能，教育的機能，支持的機能があり，スーパーバイジーがより良い実践が行えるよう指導や教育，指示等が行われる。スーパービジョンは，スーパーバイジーがもつ能力や強みを活かして行うことが重要である。

▷3　母子生活支援施設の母子生活支援員，乳児院等の家庭支援専門相談員は，保育士資格を有する職員が担うこともある。その際は，相談支援業務を担うための研修の受講や自己研鑽が必要となる。

保育士が担う子ども家庭支援の特質

① 保育の専門性を生かした子ども家庭支援

　解説書には，保育士の役割，「子どもの保護者に対する保育に関する指導」の定義が示され，保育士による子ども家庭支援は，保育の専門的知識・技術を背景とすると述べられています。この定義は，児童福祉法第18条の4に定められる「子どもの保護者に対する保育に関する指導」の定義として示されており，保育所以外の施設等に勤める保育士にも援用できると考えられます。

　保育士が行う子ども家庭支援の基盤となる保育の専門的知識・技術には，子どもを対象に含むケアワーカーである保育士が共有する専門的知識・技術と，保育所，乳児院，母子生活支援施設等，施設特性に応じて培われた専門的知識・技術があります。たとえば，乳児院の保育士は，里親と子どもの関係をつくることや親子関係の再統合に関わることもあります。保育所の保育士は，今ある親子の関係が子どもの成長に沿ってよりよく機能していくよう支援を行っています。ただし，いずれの実践も子どもの存在と保育実践が前提となっています。保育士は，保育の専門性の観点から子どもの状態，親子関係などを捉えて**アセスメント**を行い，その保護者なりに子どもをより深く理解し，子どもの育ちに関わることを援助しています。

　保育所保育士の保育の知識や技術としては，発達援助，生活援助，保育環境の構成，遊びの展開，関係構築の5つがあります。このような保育所保育士の知識や技術は，主として乳幼児を対象として開発されてきたという経過があり，保育の知識や技術をそのまま保護者に対して用いることはほとんどありません。これらの保育の知識や技術は，保育相談支援におけるアセスメントの観点として用いられ，時には保護者が子育ての参考にする情報や方法として伝えられます。表 I -2は，保育所保育士による保育相談支援の事例です。保育士は，下線部Aでまりちゃんの状態や心情を読み取り，下線部Bでは，まりちゃんにより相応しい関わり方を母親が体得したことを確認しています。このように保育士は，保育の専門的知識や技術の観点から，親の子どもへの働きかけ，子どもの親への応答等親子関係を捉え，子どもの育ちにとってよりよく親子関係が機能するように支援しています。

▷1 「子どもの保護者に対する保育に関する指導」の定義
⇨ I -6 参照。

▷2　アセスメント
アセスメント（assessment）とは，援助対象をより深く理解し，適切な援助方法を見出すための手続きです。アセスメントは，事前評価と訳されることもあり，情報収集と分析を行うことを意味します。

▷3　保育所保育士の保育の知識や技術
「保育所の保育士に求められる主要な知識及び技術としては，次のようなことが考えられる。すなわち，①これからの社会に求められる資質を踏まえながら，乳幼児期の子どもの発達に関する専門的知識を基に子どもの育ちを見通し，一人一人の子どもの発達を援助する知識及び技術，②子どもの発達過程や意欲を踏まえ，子ども自らが生活していく

表Ⅰ-2 保育所における保育相談支援の事例

　母親は，一人でまりちゃん（2歳）を育てていました。自身の子育てがどのように評価されているのかとても気にして，まりちゃんを厳しく育てています。例えば，毎朝まりちゃんに挨拶をするように執拗に要求します。でも，まりちゃんは緊張していて，表情も硬く保育士や友達と挨拶ができません。保育士は，毎朝まりちゃん親子に出会うと，少し距離をおきながらその場にしゃがんで，まりちゃんと目線を合わせて「おはよう」というようにしていました。ある朝，まりちゃんが立ち止まり保育士の顔をじっと見る間がありました。保育士が「挨拶をしようとしているのでは」とまりちゃんの心情を読み取った_Aのと同時に，母親がまりちゃんの横にしゃがんで「おはよう」と言いました。_Bするとまりちゃんは小さな声で保育士に向かって「お・は・よ」と続けて言うことができました。母親は嬉しそうにまりちゃんを見つめていました。

② 保育と関連して展開される保育相談支援

　保育士の「保育」と「児童の保護者に対する保育に関する指導」（以下，保育相談支援）という2つの役割は，実践のなかで相互に影響し合いながら発揮されています。

　特に，保育所の保育相談支援には，保育と密接に関連して展開されるという特徴があります（解説書第4章）。保育士が行う保育相談支援には，保護者の子育てへの支援を意識して行われる取り組みと，保育の取り組みが保護者に影響して保育相談支援として機能するという二つの形態があり，いずれも保育実践が前提となっています。前者には，個人面談，保育参加などがあり，保育士は保護者が子どもの発達段階や状態を捉えられるよう解説するなどの支援を意識的に行っています。また，保育士が行う保育が保護者の子育てに影響することもあります。まりちゃんの事例の下線Bでは，保育士がまりちゃんのために行っていた行為が，母親にとっては子どもへの関わりの行動見本として機能しています。保育士は，保育の行為が保育相談支援としても機能していることを理解する必要があります。

　さらに保育士には，子ども，保護者，保育士の三者関係を捉えて保育と保育相談支援に取り組むことが求められます。保育の中で子どもは，保育士を含む周囲の環境との相互作用により変化し，その変化が保護者に影響を与えます。また保育士が保護者の子育てを支えることで保護者の子どもへの関わりに変化が生じ，子どもに影響することもあります。そして保育士は，その変化を捉えて親子関係がより良く機能するように働きかけます。保育や保育相談支援の働きにより，子ども，保護者，保育士の間で交互作用が生じるのです。つまり，保育士による保育と保育相談支援は多様に連動するといえ，保育士は，特に保育の質が保育相談支援に強く影響することを理解する必要があります。乳児院等では，保育士と家庭支援専門相談員が配置されており，職員の役割としては保育と保育相談支援が区別されつつ，実践としては連携して行われることになります。

（橋本真紀）

力を細やかに助ける生活援助の知識及び技術，③保育所内外の空間や様々な設備，遊具，素材等の物的環境，自然環境や人的環境を生かし，保育の環境を構成していく知識及び技術，④子どもの経験や興味や関心に応じて，様々な遊びを豊かに展開していくための知識及び技術，⑤子ども同士の関わりや子どもと保護者の関わりなどを見守り，その気持ちに寄り添いながら適宜必要な援助をしていく関係構築の知識及び技術（後略）
（厚生労働省（2018）「第1章総則保育所保育に関する基本原則（1）保育所の役割エ」『保育所保育指針解説書』，17.）

▷4　橋本真紀他（2011）「保育相談支援における二つの形態」，『児童福祉施設における保育士の保育相談支援技術の体系化に関する研究（3）──子ども家庭福祉分野の援助技術における保育相談支援の位置づけと体系化をめざして』〔チーム研究2〕児童福祉施設における保育士の保育相談支援技術の体系化に関する研究（3）（主任研究者 柏女霊峰）日本子ども家庭総合研究所紀要，1-38.

子育て家庭とは

1 「家族」「家庭」「子育て家庭」とは何か

○「家族 (family)」とは

これまで家族とは,「夫婦・親子・きょうだいなどの少数の近親者を主要な成員とし,成員相互の深い感情的かかわりあいで結ばれた,幸福 (well-being) 追求の集団である」と定義されてきました[1]。しかし,たとえばペットを家族と考える人もいれば,婚姻関係にない男女や同性愛のカップルが自分たちは家族であると考えていることもあります。家族が多様化する昨今においては,当事者が「家族であること」を認め,家族意識をもって初めて家族が成立するとも指摘されています。「家族」とは何かを考えるとき,誰を自分の家族と考えるかという認識 (family identity) が重要な意味をもち,その認識は個人によって異なる側面があること[2],それぞれの家族についての意識は尊重されなければならないものであることを踏まえておく必要があります。

○「家庭 (home)」とは

「家族」がその集団や構成員を意味するのに対し,「家庭 (home)」は,主に休息・団らんなど,家族が日常生活を送る場所を指す言葉として用いられています。また「アットホーム」という言葉からイメージされるように,その場所や空間の雰囲気を意味することもあれば,「家庭内暴力」や「家庭内離婚」など,その行為の当事者である親子や夫婦などの関係性を含むこともあります。「家庭」とは,非常に多くの意味を内包する多義的な概念ですが,家族の人間関係や生活におけるさまざまな関係性などを全体的に捉えることのできる言葉であるといえます[4]。

○「子育て家庭」とは

これらの定義からすると,「子育て家庭」とは,現在,養育すべき子どもがおり,親(あるいはそれに代わる養育者)がその子どもを育てる日常生活の場であると捉えることができます。それは単なる生活空間としての場を意味するだけでなく,醸し出される雰囲気や,親子関係,きょうだい関係といった関係性をも含んだ概念として用いられるものと考えることができるでしょう。

2 ライフコースにおける「子育て期」

20世紀後半以降,これまで地縁や血縁による結びつきに重きを置いてきた社

▶1 森岡清美・望月嵩 (1997)『新しい家族社会学 (四訂版)』培風館.

▶2 上野千鶴子 (1994)『近代家族の成立と終焉』岩波書店.

▶3 比較家族史学会編 (1996)『事典家族』弘文堂.

▶4 湯沢雍彦 (1969)『お茶の水女子大学家政学講座15家族関係学』光生館.

会は，産業構造の変化や医学の進歩から，都市化，核家族化，少子高齢化が進展し，人々の生活様式や価値観をも大きく変容させてきました。私たちの社会では，さまざまな選択肢のなかから自身の生き方を主体的に選び取っていくことが重要視されるようになり，男女はともに，結婚する／しない，子どもをもつ／もたないなどを選択し，その時期を調整することも一定可能となってきています。

　たとえば，1980年代まで5％未満であった50歳時の未婚割合は，1990年以降一貫して上昇し続け，結婚しない人生を歩む男女が増加していることがわかります。また図Ⅱ-1からは，時代とともに結婚年齢が遅くなり，出産する年齢も徐々に高齢化していることが読み取れるでしょう。我が国においては平均寿命が伸長し，現在，一組の夫婦が生む子どもの数の平均は2人を下回っています。こうしたことから，すべての家庭が「子育て期」を迎えるとはいえないこと，子育てを行う家庭であっても，きょうだい数が多かった時代に比べてその期間はかなり短くなっていることがうかがえます。

▷5　生涯未婚率は，2015（平成27）年，男性23.4％，女性14.1％である。（内閣府（2019）『令和元年版　少子化社会対策白書（全体版）』. https://www8.cao.go.jp/shoushi/shoushika/whitepaper/measures/w-2019/r01webhonpen/html/b1_s1-1-3.html）

▷6　第1次ベビーブーム（1947〜1949年）の合計特殊出生率は4.3〜4.5であった（内閣府，2019）。

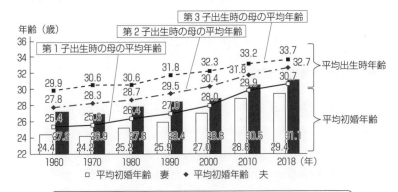

図Ⅱ-1　平均初婚年齢と出生順位別の母の平均年齢の年次推移

出所：厚生労働省「人口動態統計」をもとに筆者作成。

③ 「子育て期」の家族関係とその変化

　赤ちゃんとの生活を心待ちにする家庭は多いことでしょう。しかし実際に赤ちゃんとの生活が始まると，授乳やおむつ替えなどの育児行為やこなすべき家事が急激に増え，各家庭ではこれまでの生活パターンを大きく変化させていく必要が生じます。核家族の場合には，夫婦のみの二者関係から，子どもが加わる三者関係に移行していきます。夫には「父親」の役割が，妻には「母親」の役割が期待されるようになり，子どもから見た「祖父母」とのつき合いなど，家族間でのさまざまな調整も増えていくことでしょう。また第2子以降の子育てでは，上の子どもがよく甘えるようになったり，赤ちゃんに嫉妬したりするなどの行動が見られることもあります。子どもたちに平等に関わりたいという親の気持ちが，「同じように育てられない」「いつも上の子に我慢させている」などの葛藤につながることもあります。家族の成長に伴ってそれぞれの思いや悩みが変化し，それがまた家族関係にも影響していくのです。　　（中谷奈津子）

▷7　穴吹絵美・川﨑佳代子・曽我部美恵子・子安恵子（2017）「第2子妊娠から出産後1歳半までにおける母親の第1子に対する認知と対応」『関西看護医療大学紀要』9(1), 10-24.

2 親になるプロセス

1 親になることを選択する時代へ

　結婚したら子どもをもつべきだという考えを肯定的に捉える割合は，1990年代以降減少してきました[1]。また妊娠・出産に関する考え方も，「授かる」ものから「つくる」ものへと変化してきたといわれています。親になることに関する大学生への調査では，「子どもはつくるもの」という意識が，「授かるもの」という意識よりも高いことが示唆されるようになりました[2]。結婚＝子育てという認識は時代とともに薄れ，子どもをもつこと自体も，選択可能な事柄として考えられるようになっていることがわかります。

2 親になる準備の必要性

　子どもが生まれれば，生物学的な父親や母親になることはできますが，親としての役割をすぐに果たせるようになるわけではありません。親が「親になる」ためには，親になる準備（**親性準備性**）が必要であるといわれています[3]。

　親性準備性を育むには，子どもと関わった経験が重要です。しかし少子化が進んだ現代では，自分の子どもをもつ前に乳幼児とふれあう機会をもつことは容易ではありません。図Ⅱ-2から，乳児の世話をした経験のある児童・生徒は，一部に限られていることがわかります。また18歳以上の未婚男女の調査では，半数以上が乳幼児とのふれあい経験をもっていないことも報告されています[4]。このように乳幼児とふれあった経験のないまま親になる人も多く，親になって

▷1　国立社会保障・人口問題研究所（2015）「第15回出生動向基本調査（結婚と出産に関する全国調査）」.
http://www.ipss.go.jp/ps-doukou/j/doukou15/doukou15_gaiyo.asp

▷2　平岡さつき・奥田雄一郎・後藤さゆり他（2010）「産育意識の変遷と『親になること』に関する一考察」『共愛学園前橋国際大学論集』10，243-254.

▷3　**親性準備性**
「親性（子どもをいつくしみ，育もうとする心性であり，幼少期から生涯にわたり，発達する，子の親であるかどうかに限らず誰もが持つ特性）の形成過程において親となる以前から段階的に形成される資質」とされている。（藤原美輪（2019）「中学生の親性準備性学習の検討」『最新社会福祉学研究』14，21-34.）

▷4　「赤ちゃんや小さい子供とふれあう機会がよくあった（よくある）」という問いについて，「あてはまらない」とする未婚男性は57.2％，未婚女性では48.7％であった。（国立社会保障・人口問題研究所（2017）「現代日本の結婚と出産」，81.
http://www.ipss.go.jp/ps-doukou/j/doukou15/NFS15_reportALL.pdf.

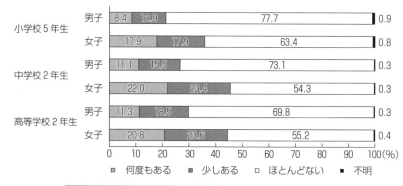

図Ⅱ-2　赤ちゃんのおむつをあげたり，ミルクをあげたこと

出所：国立青少年教育振興機構（2019）「青少年の体験活動等に関する意識調査（平成28年度調査）」のデータをもとに筆者作成。

から子育ての不安や自信のなさを抱えることも多くみられています。

3　親になること

　妊娠・出産をめぐる私たちの意識が変化したといっても，子どもの誕生は，その家庭にとって大きな出来事であることに変わりはありません。出産後しばらくの生活は，母親にとっては危機的な時期ともいわれています。ある母親は，「180度生活が変わる。徐々に変わるならまだしも，いきなり変わるのだから，追いついていくので精一杯。よっぽどたくましい人，子ども好きな人しか耐えられない。まさかこんな大変だとは思わなかった。最初の1か月実家にいるとはいっても，緊迫した状態だった」と語ります。このように多くの親たちは，出産後の急激な変化に驚き，親としては未熟な状態から子育てを始めることになります。

　かといって，親たちが子育てについて何も知らないわけではありません。たとえ初めての子育てであっても，自分がどのように振る舞えばよいか，何をしなければならないかについては，その親なりに理解しています。よい親でありたいという願いももっています。しかしながら，はじめから乳児の発する信号をうまく読み取ることのできる親はそれほど多くはありません。子どもの泣く意味がわからず，何時間も抱いたりおぶったりせざるを得ない親は決して珍しくないのです。うまくいかない子育てと向き合い，自分自身や子どもに対してネガティブな気持ちを抱いてしまうこともあるでしょう。

　親は，子どもが誕生すればすぐに一人前の親になるのではなく，親として発達していくプロセスがあるといわれています。そのプロセスのなかで，他者からの助けを得ながら，子育てのスキルを高め，親としての自信をつけていくことが重要になります。

4　親としての成長・発達

　多くの親は「親になることで人間的に成長できた」と感じています。親になる前と比べて，視野が広がった，生きがいを感じるようになった，何かに対して我慢できるようになったなどの人格的な変化を認識する親も多く，一般的には母親の方がそれらを強く認識するとされています。しかしこうした認識は，日常的に子育てに関わっているか否かが影響しているともいわれており，父親であっても子育てに積極的に関わる場合には，親としての成長をより認識する傾向にあります。子育て生活を通しての「思い通りにならない経験」が，親自身の考え方を柔軟にし，精神的なタフさや他者への思いやりを培うことにつながっているとも考えられます。さらにそうした人格的な変化に夫婦が互いに気づいていくことで，家族への愛情や責任感が増し，さらには自分の子ども以外の子どもにも関心が向けられるようになるといわれています。　（中谷奈津子）

▷5　氏家達夫（1996）『親になるプロセス』金子書房.

▷6　柏木恵子・若松素子（1994）「『親となる』ことによる人格発達：生涯発達的視点から親を研究する試み」『発達心理学研究』5(1), 72-83.

▷7　加藤道代・神谷哲司（2016）「夫婦ペアデータによる親としての発達意識の検討」『東北大学大学院教育学研究科研究年報』64(2), 55-67.

子育て家庭をとりまく社会の現状

① 世帯構造の変化

　戦後，日本の産業構造は大きく変化しました。農業を中心としたかつての村落共同体では，祖父母や親，子どもといった多世代から成る拡大家族も多くみられました。しかし1955年以降，第2次，第3次産業が増大するようになると，人々は雇用を得るために都市へと移住し，新しくつくる家族の形態にも変化がみられるようになりました。雇用者世帯[1]の増加は，夫による家族の扶養を促進し，1970年代には夫は外で働き，妻は専業主婦として家事・育児を担うという性別役割分業体制を確立させていきました。またこの頃から拡大家族は徐々に減少し，夫婦と未婚の子から成る核家族世帯が増加するようになっています[2]。核家族世帯の増加は，家庭内における子育ての担い手を狭め，親の負担，とりわけ母親の負担を大きなものにしたと考えられます。

　2000年代に入り，男女の性別役割分業意識は少しずつ弱まっていることが指摘されてきました。一方で，ひとり親世帯や外国にルーツをもつ世帯，**ステップファミリー**[3]など，多様な家族のあり方がみられるようになっています。親の転勤や災害などにより，離れて生活せざるを得ない家族の姿もあります。さらに少子化の影響から，子どものいる世帯は地域でも少数派となっており，社会全体で子どもを育てる意義を伝えていく必要性が高まっています。

② 少子化の現状とその背景

　我が国では，子どもの数が減少し高齢者が増加する，少子高齢化が進んでいます。2018（平成30）年の出生数は91万8,397人であり，第1次ベビーブーム期の約270万人，第2次ベビーブーム期の約210万人を大きく下回っています。**合計特殊出生率**[4]は，1970年代半ばから緩やかに低下しており，1989（平成元）年にはそれまで最低であった1966（昭和41）年の1.58より低い1.57を記録しました。2005（平成17）年には1.26まで落ち込みましたが，2010年以降は1.4前後と持ち直しほぼ横ばいの数値を示しています（図Ⅱ-3）。

　少子化は，未婚化・晩婚化，夫婦の出生数の低下によって引き起こされているといわれています。それらの背景としては，結婚に関わることとして経済的な不安定さ，出会いの機会の減少などが，家庭生活に関することでは男女の仕事と子育ての両立の難しさ，家事・育児の負担が依然として女性に偏っている

▷1　「世帯」は，生活体としての単位を明確にする必要が生じる際に用いられる。国勢調査では「一般世帯」「施設等の世帯」と区分されるが，ここでは「一般世帯」を「世帯」と表記し，住居と生計をともにしている人々の集まり，および一戸を構えている単身者を指すものとする。

▷2　寺田恭子（2002）「現代家族と社会」柏女霊峰・山縣文治編『家族援助論』ミネルヴァ書房，11-25.

▷3　**ステップファミリー**　少なくともどちらかの配偶者が先行する結婚における子どもをもっている家族。（比較家族史学会編（1996）「事典家族」弘文堂.）

▷4　**合計特殊出生率**　出産可能な女性年齢を15〜49歳までとし，女性の各年齢別出生数を各年齢別人口総数で割った数値を合計したもの。1人の女性が生涯の間に生むと推定される子どもの平均数を表すとされる。

▷5　1989年の合計特殊出生率に対する社会的な衝撃を「1.57ショック」という。我が国の少子化対策はこれ以降急速に進められるようになった。

状況，子育て中の孤立感や負担感などが指摘されており，その他にも子育てにかかる費用負担の重さ，年齢や健康上の理由などがあげられています。[16]

▷6　内閣府「少子化社会対策大綱」https://www8.cao.go.jp/shoushi/shoushika/law/pdf/r020529/shoushika_taikou.pdf　2020年

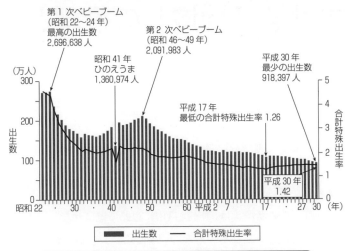

第1次ベビーブーム
（昭和22〜24年）
最高の出生数
2,696,638人

昭和41年
ひのえうま
1,360,974人

第2次ベビーブーム
（昭和46〜49年）
2,091,983人

平成17年
最低の合計特殊出生率 1.26

平成30年
最少の出生数
918,397人

平成30年
1.42

出生数　　　合計特殊出生率

図Ⅱ-3　我が国の出生数及び合計特殊出生率の年次推移

出所：厚生労働省「平成30年（2018）人口動態統計月報年計（概数）の概況」。

▷7　内閣府男女共同参画局（2019）『男女共同参画白書　令和元年版』．http://www.gender.go.jp/about_danjo/whitepaper/r01/zentai/index.html

③　職業に対する意識の変化と共働き世帯の一般化

近年，女性が職業をもつことに対する人々の意識が変化してきました。国の調査では，「女性は子どもが大きくなったら再び職業をもつ方がよい」と考える人の割合が減少し，「子どもができてもずっと職業を続ける方がよい」という考えを半数以上の男女が支持しています。それに伴い，出産後も就労を継続する女性が増加してきました。図Ⅱ-4は，第1子出産前後で女性の就労がどのように変化したかを比較したものです。2010年以降，出産を機に退職する女性の割合は減少し，継続就労の割合が上昇していることがわかります。[17]

また出産を機に退職したとしても，子どもの成長に伴い再就職する女性の割合は高くなってきており，子どもが小学生になる頃には，6割程度の母親が何らかの仕事をもつことも報告されています。[18]世帯全体からみても，男性の雇用者と専業主婦から成る世帯は減少し，共働き世帯が一般的にみられるようになっています。[19]

（中谷奈津子）

▷8　厚生労働省（2017）「第15回21世紀出生児縦断調査（平成13年出生児）及び第6回21世紀出生児縦断調査（平成22年出生児）の概況」．https://www.mhlw.go.jp/toukei/saikin/hw/syusseiji/15/dl/gaikyou.pdf

▷9　注7に同じ。

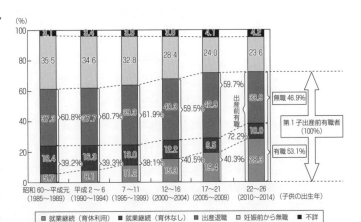

（備考）　1．国立社会保障・人口問題研究所「第15回出生動向基本調査（夫婦調査）」より作成。
　　　　2．第1子が1歳以上15歳未満の初婚どうしの夫婦について集計。
　　　　3．出産前後の就業経歴
　　就業継続（育休利用）―妊娠判明時就業〜育児休業取得〜子供1歳時就業
　　就業継続（育休なし）―妊娠判明時就業〜育児休業取得なし〜子供1歳時就業
　　出産退職　　　　　　―妊娠判明時就業〜子供1歳時無職
　　妊娠前から無職　　　―妊娠判明時無職

図Ⅱ-4　第1子出産前後の女性の継続就業率の変化

出所：内閣府男女共同参画局『男女共同参画白書　令和元年版』2019，119より抜粋。

4 子育てにおける「地域」の役割と その変化

① 地域におけるつながりの変化

　子育てを始めると，地域や周囲の人々からの助けや協力が必要だと感じられる場面も多くなります。その地域に長く住み，近隣住民が互いによく知っている間柄であれば，困難が生じたときに助け合うことは比較的容易なことでしょう。東京の下町育ちの新澤氏は，「昔は自由に道路で遊ばせたし，空き地，袋小路があり，子どもは群れをなして遊んでいました。買い物，お祝いごと，不幸なことがあった時は，近所の家にしばらく預かってもらうこともできました[2]」と自身の幼少期を振り返ります。夜泣きが止まない乳児を抱えて外に出た母親に，「かしてごらん」と誰かが替わってあやしてくれることも少なくはなかったといいます。こうした地域の姿は，子どもが育つ上での遊び仲間・遊び時間・遊び空間（いわゆる三間）を保障し，親にとっても気軽で，かつ重要な子育てのネットワークを提供していたといえるでしょう。

　高度経済成長期以降，産業構造が変化し都市化が進行するようになると，少しずつ地域の姿も変化するようになりました。近所づき合いも次第に希薄なものとなり，都市部や町村部にかかわらず「近所とよくつき合っている」と考える人の割合は低下するようになりました[3]。それでも第2次ベビーブームの子育て期など地域全体に子どもの数が多い時代には，子どもの遊びや活動を通して地域の関係性が広がることもありました。しかし少子化が深刻になってくると，「公園デビュー[4]」といわれるように，親同士の公園づき合いに気を遣わなければならない状況が生じるようになり，さらには地域のなかに子どもの姿を見つけること自体が困難となる状況も指摘されています。近年の調査では，乳幼児を抱える家庭のうち，近所と「よくつき合っている」とする割合は1割にも満たないことが明らかとなっています[5]。

　地域におけるつながりの希薄化は，近所にどのような人が住んでいるのかわからない状況を生み出しています。子育て家庭からすれば，子どもの泣き声に「迷惑に思われないだろうか」「虐待していると疑われないだろうか」などの新たなストレスの要因となっています。

② 地域のつながりと子育てへの影響

　地域でのつながりの希薄化は，子育てのいろいろな側面からも見えてきます。

▷1　1935年東京都生まれ。元神愛保育園園長及び江東区子ども家庭支援センターみずべ所長。

▷2　新澤誠治（1995）『私の園は子育てセンター』小学館.

▷3　2019年の調査では，近所づきあいについて「よく付き合っている」は大都市で12.4%，町村部で24.9%となっている（内閣府（2019）「社会意識に関する世論調査」）。ちなみに1975年の同項目は大都市で30%強，町村部で70%弱であった（厚生労働省『平成18年版厚生労働白書』2016年）。

▷4　公園デビュー
乳幼児が親に連れられて，近くの公園に初めて遊びに行くこと。

▷5　内閣府（2019）「社会意識に関する世論調査」.

図Ⅱ-5，6は，地域での子どもを通じたつき合いをまとめたものです。子どもを預ける，子育ての悩みを相談する，立ち話するなどの近所づき合いは，父親，母親ともに減少傾向にあることがわかります。子どもが0歳という低年齢であったり若い親である場合に，地域でのつき合いが少ないことも指摘されています。

図Ⅱ-7は，平日，園以外で一緒に遊ぶ人を経年比較したものです。1995年時点では子どもの遊び相手の上位はきょうだいや友だちでしたが，次第にその割合は減少しました。特に友だちを遊び相手とする割合が著しく減少し，代わって上位となったのは母親[46]です。こうした傾向は未就園児においてより顕著

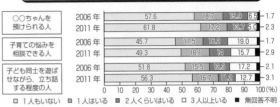

図Ⅱ-5　近所づきあい（経年比較）子育て期の妻

図Ⅱ-6　近所づきあい（経年比較）子育て期の夫

出所：ベネッセ次世代育成研究所『第2回妊娠出産子育て基本調査（横断調査）報告書』ベネッセコーポレーション，2011年を一部改変し筆者作成（図Ⅱ-5，6とも）。

であり，遊び相手を友だちとする未就園児は2割程度に留まっているのに対し，母親とするのは9割を超えています。これらの背景には，保育所等で長時間保育を利用する家庭が増えたことも関連していると思われますが，未就園児を抱える家庭では，園に頼ることもまだ難しいことが予想され，地域の支え手が不十分ななかで何とか子育てをやりくりしている様子が浮かび上がってきます。

地域でのつながりは，子育て家庭に精神的な安心感を与え，子育ての自信や充実感などの肯定的意識を高めていきます[47]。今後，地域でのつながりをつくるためにさらなる情報提供や活動の展開などが求められていくことでしょう。

（中谷奈津子）

▷6　「たまに公園に行っても誰もいない。身体動かせて遊ぶように促しても結局親と2人なので，長続きせず砂場でままごと。これだったら家の中と変わらない」という母親の声も報告されている。（高畑芳美（2014）「子育ての『主体』である母親を支援する幼稚園の役割」『保育学研究』52(3)，45-54.）

▷7　酒井厚（2011）「地域のかかわり」ベネッセ次世代育成研究所『第2回妊娠出産子育て基本調査（横断調査）報告書』ベネッセコーポレーション，72-86. https://berd.benesse.jp/jisedaiken/research/research_23/pdf/06.pdf

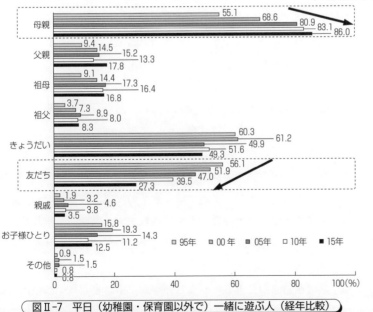

図Ⅱ-7　平日（幼稚園・保育園以外で）一緒に遊ぶ人（経年比較）

出所：ベネッセ次世代育成研究所『第2回妊娠出産子育て基本調査（横断調査）報告書』ベネッセコーポレーション，2011年を一部改変し筆者作成。

子どもの発達に応じて生じる子育ての葛藤や課題

1　出産直後

　赤ちゃんとの生活を楽しみにしていた親たちの生活は，子どもの誕生を契機に一変することになります。多くの家庭では2～3時間おきの授乳，細切れの睡眠，頻回なおむつ替えなど，赤ちゃんとのめまぐるしい生活が始まります。慣れない育児に奮闘しながら，授乳がうまくできない，子どもがよく泣く，自分の子育ての方法がこれでよいのかなど，育児行為の一つひとつに不安を覚え，誰かに確認したい思いを強める母親も少なくありません。また産後の女性の心身の状態は非常に不安定なものであるため，母親が十分に休養できるよう家庭内での協力体制を整えることが重要になります。それは同時に，家族にこれまでとは異なる役割を期待することにもなり，互いの役割期待や役割取得に相違がみられる場合には，新たな葛藤を生み出すことにもつながります。

2　乳児期

　生後6か月頃にはあやしてもらうと喜ぶなど，子どもの表情が豊かになり，子どもを「かわいい」と思える場面が増えてきます。親子の愛着関係が強まる7～8か月頃には，後追いがみられるようになり，親の姿が見えなくなると子どもは不安になり大泣きしてしまうこともあります。そうした状況に不自由さやストレスを強める親も多いようですが，子どもにとって大切な発達の節目であることを認識し，後追いが軽減されるまで気長につき合うことが求められます。

　子育てに関する相談の場面では，授乳や離乳，離乳食など食事に関する相談が多く寄せられています。特に離乳食については，開始の時期や調理方法のみならず，子どもの摂食量がそれでよいか，調理することや食べさせることが負担，子どもが食べるのを嫌がるなど，何かしらの困りごとを抱えている家庭が多いようです。子どもの個性によって離乳食への反応も異なるため，離乳が契機となって不安や課題を抱えることも予想されます。授乳期，離乳期ともに親子関係を構築する上では重要な時期であり，安心して離乳に取り組めるような支援体制が求められることとなります。

　また乳児期は運動面の発達もめざましい時期です。寝返りやはいはいなど，子どもが自由に姿勢を変えられるようになると，子どもは自分の意思で移動し，興味をもったものをつまんだり，口に入れたりするようになります。誤飲や転

▷1　渡邊友美子・古川洋子・渡邊香織（2018）「電話相談内容からみた産後4か月までの育児中の母親の実態」『母性衛生』59（2），511-518.

▷2　伊藤篤（2009）「子育て支援『つどいの広場』における相談のあり方に関する一考察」『心の危機と臨床の知』10，5-13.

▷3　「授乳・離乳の支援ガイド」改定に関する研究会（2019）「授乳・離乳の支援ガイド」厚生労働省子ども家庭局。https://www.mhlw.go.jp/content/11908000/000496257.pdf

落・転倒，溺水，やけどなどの事故を予防するために，子どもの手の届くところに危険なものを置かない，整理整頓を行う，ベビーサークルやベビーガードなどを活用するなど，家庭内の環境整備を行うことが必要となります。

③ 1～2歳頃

　排泄のしつけは，子育て家庭にとって大きな関心事です。1歳を過ぎると，歩く，走る，跳ぶなどの基本的な運動機能が発達し，排泄の自立のための身体的機能も整ってきます。膀胱の容量が増え，尿がたまると大脳が尿意を感じるようになるため，子どもが尿意や排尿を知らせてくれることもあるでしょう。だからといってすべての子どもが喜んでトイレに行くようになる訳ではありません。トイレが怖かったり，まだその時期ではなかったりすると，子どもはトイレに行くことを嫌がるようになります。祖父母から昔の話を聞かされたり，親自身が他の子どもと比較したりして焦ってしまうことで，親子の関係がギクシャクすることもあるでしょう。子どもなりのペースを尊重し，子どもが「自分でできるようになること」を大切に進めていきたいものです。

　またこの時期，自己主張を強める子どもの姿が見られるようになります。自分の思いや欲求を他者に伝え態度に示していくことは，子どもの発達過程上，好ましいものです。しかしやろうと思っていたことを一方的に抑えられたり，できると思っていたことが実際にはできなかったりすると，多くの子どもは戸惑い，時には泣いたり，かんしゃくを起こしたりします。このような態度を，親は単なるわがままとして理解してしまうことも多く，「自分の育て方が悪かった」「もっとしつけなければ」と悩み，子どもへの対応を強めてしまうこともあります。子どもの発達を適切に理解し，客観的な立場から子どもの思いを代弁したり，発達に応じた対応方法を伝えたりする存在が求められています。

▷4　古橋紗人子・中谷奈津子編（2019）『乳児保育Ⅰ・Ⅱ』建帛社.

④ 3歳～就学まで

　初めて家庭から離れて入園する子ども，別の保育施設から転園する子どももいます。家庭では園生活を楽しみにすると同時に，新たな環境に子どもが馴染めるか不安に思うこともあります。子どもが登園をしぶったり，園でのトラブルを訴えたりするときは，親自身の心の状態も不安定になるものです。落ち着いて子どもの気持ちや状況を聞けるよう，親もまた一人で抱え込まず，信頼できる家族や友人に支えてもらう必要があります。場合によっては園に相談し，状況に応じた対応策をともに考えていくことが望まれます。

　下のきょうだいが誕生する家庭もあるでしょう。赤ちゃん返りや大人を困らせるような態度が増えることがあるかもしれません。家族で協力しながら，その子どもとふれあう機会を充分に設け，「妹や弟が生まれても，あなたは変わらず大事な存在である」ことをしっかりと伝えていきたいものです。（中谷奈津子）

参考文献
厚生労働省編（2018）『保育所保育指針解説』フレーベル館.

6 社会的状況の影響により生じる子育ての葛藤や課題

▶1　男女共同参画会議仕事と生活の調和（ワーク・ライフ・バランス）に関する専門調査会（2007）「『ワーク・ライフ・バランス』推進の基本的方向報告」.

▶2　「とてもそう思う」「ややそう思う」の合計。中国の有職の女性のワーク・ライフ・バランスの満足度は75.4%，インドネシア93.8%，フィンランド68.4%となっており，日本は4ヶ国中最も低い値である。（ベネッセ教育総合研究所（2018）『幼児期の家庭教育国際調査』ベネッセコーポレーション.）

▶3　注2と同じ。

1 子育て家庭におけるワーク・ライフ・バランス

○ワーク・ライフ・バランスと夫婦の子育て

「ワーク・ライフ・バランス」とは，子育て中の女性に限らず，老若男女誰もが，仕事，家庭生活，地域生活，個人の自己啓発など，さまざまな活動について，自ら希望するバランスで展開できる状態のことをいいます。

日本の有職の母親のワーク・ライフ・バランス満足度は4割程度と，諸外国に比べて決して高いとはいえません。職場を出て大急ぎで子どもを迎えに行き，帰宅後は家事や育児を一手に担う母親たちの姿が目に浮かびます。父親が家事を担うことの多い家庭ほど，母親の満足度が高くなることも指摘されており，核家族で子育てを担うことが主流となった現代においては，父親の育児参加がさらに期待されるものとなります。現状では，父親のワーク・ライフ・バランス満足度も5割程度とそれほど高いとはいえず，「もっと子育てに関わりたい」と考える父親も多くなってきています。

○子育て家庭の生活時間

図Ⅱ-8は，就学前の子どもをもつ親の生活時間をまとめたものです。共働きの母親は，日々の家事・育児を考慮しながら仕事時間を決めているようです。母親の就労形態にパート・アルバイトが多いことも影響しているでしょう。一方，男性の場合は，仕事時間の占める割合が大きく，共働き，母親が専業主婦にかかわらず家事・育児時間は週全体で1時間15分程度と変わりありません。近年，男性の家事・育児参加は増加傾向にあるといわれていますが，国際比較においては先進国中最低の水準にとどまっているのが現状です。

男性の育児休業についても，その取得率は1割に満たないことが報告されています。男性が育児休業を取得しない理由として，「休暇を言い出せる雰囲気

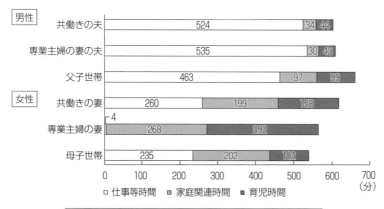

図Ⅱ-8　就学前の子どもを持つ親の生活時間（週全体）

出所：総務省「平成28年社会生活基本調査」（2016）をもとに筆者作成。共働きのデータでは「末子が就学前」，母子世帯・父子世帯では「6歳未満の子供がいる」を採用。仕事等時間は，「仕事」「学業」「通勤・通学」の合計時間。家事関連時間は，「家事」「介護・看護」「買い物」の合計時間。

ではない」「人員が不足し，職場や取引先に迷惑をかける」などがあげられています[47]。男女が協力し合いながら子育てできる環境を実現させるためには，企業風土を含めた社会全体の理解や取り組みが必要であることがうかがえます。

② 就労のために必要な保育サービスと子育ての課題

女性が就労を断念する理由として，周囲の理解の乏しさや制度の不十分さ，自分の体力不足などに加え，保育所等に子どもを預けられないことがあげられます[48]。待機児童問題は，特に都市部において未だ深刻であり，育児休業を延長しても入所できず退職に追い込まれる事例や，入所の可否がわかるまで強い不安を抱えていたなどの声があげられています。入所がかなわなかった場合には，短期間で次の預け先を探さなければならず，夫婦どちらかが仕事を辞めざるを得ないなどの切迫した状況に追い込まれることもあります[49]。

また，子どもが病気の時に仕事をどうするかということも悩ましい問題です。現状では母親が休むことが多いようですが，頻繁に休むと職場で居心地の悪い思いをしたり，家庭内でも「母親が休むのが当たり前」「なぜ私ばかり」という意見の相違から軋轢が生じたりすることもあります。子どもの病気は避けられないものです。病児・病後児保育の整備状況は自治体による差も大きいため，現状では家族や祖父母などの協力で乗り切る場合が多いようです。

③ 子育ての支え手の不足

多くの家庭では子どもの成長に喜びを感じ，子育て生活を肯定的に捉えていますが，一方で「自分の自由な時間がもてない」「気持ちに余裕をもって子どもと接することができない」などの負担感を抱える母親の姿もあります。また急な残業や子連れでは難しい外出時の預け先に困る家庭も多くみられます。

子育ての悩みや困りごとについて，母親たちは，父親，子どもの祖父母に助けを求めることが多いようです。友人を頼りにする割合は３割弱，保育所等の保育サービスでは１割程度となっており，子育ては家族や親族のみの身内で何とか支え合うものとなっています。しかし，なかには身内からの協力を得られない家庭もあります[10]。また，転居したばかりの家庭にとっては，これから新たに地域でのつながりをつくっていく必要があるでしょう。こうした社会状況にあっては，家庭の状態が少しでも変化すると子育ての支え手が急に不足してしまう危険性をはらんでいるといえます。保育サービスの充実に加え，子育てを地域で重層的に支えていけるよう体制を整えていくことが求められています。

（中谷奈津子）

▷4　はじめてのペアレンティング研究会（2018）『第1回妊娠出産子育て基本調査・フォローアップ調査（妊娠期〜2歳児期）速報版』ベネッセ次世代育成研究所．

▷5　小学校1年生時点で有職の母親のうちパート・アルバイトは約半数であった（厚生労働省（2018）「第7回21世紀出生児縦断調査（平成22年出生児）の現況」）。https://www.mhlw.go.jp/toukei/saikin/hw/syusseiji/16/dl/gaikyou.pdf

▷6　内閣府『令和元年版少子化社会対策白書』（2019）https://www8.cao.go.jp/shoushi/shoushika/whitepaper/measures/w-2019/r01webhonpen/index.html

▷7　内閣府（2019）「少子化社会対策に関する意識調査報告書」。https://www8.cao.go.jp/shoushi/shoushika/research/h30/zentai-pdf/index.html

▷8　注5に同じ

▷9　前田正子・安藤道人（2019）「保育園・家事分担・ワークライフバランスをめぐる母親の苦悩」『立教大学経済学部ディスカッションペーパー』J-4.

▷10　注7に同じ

7 # 子育て家庭から見た保育施設や保育事業

1　安心して子どもを預けられる場所として

　子育て家庭が保育施設に求めることとして，最も大きな役割は「安心して子どもを預けられること」でしょう。保育施設の安心・安全が担保されて初めて，子育て家庭は就労などの子育て以外の社会生活を営むことができます。多胎児を養育する家庭やリフレッシュの必要な子育て家庭にとっても，子どもを預けられる保育施設の存在は大きなものです。保育施設は子どもの発達的特性を考慮し，保育環境を含めた保育全体を組織的に構築しているところです。衛生管理や事故予防の取り組み，専門性を有する保育者の存在，発達に適した遊びの提供などは，子育て家庭にとって非常に魅力的なものとなります。たとえ一時的な保育であっても，親子の不安をありのままに受け止めてもらえる経験が，その施設への信頼につながります。就労形態が多様化する現代においては，延長保育，休日保育や病児・病後児保育などの柔軟な保育サービスも求められます。子育て家庭が安心して子どもを預けられるように，子どもの保育そのものの質を維持・向上させていく必要があります。

2　子どもの発達のプロセスを理解できる環境として

　Ⅱ-2 でも述べたように，現代社会では小さな子どもと関わった経験が少ないまま親になった人も多く，子どもの一般的な発達プロセスやその時々の発達課題に関する知識も不十分なことが多いようです。インターネットやSNSの発達から，それらを活用して子育て情報を収集する家庭も増加しています[1]。しかしあふれる情報のなかでは，さらに子育ての不安を高じさせることもあり，子どもの姿やその関わりを具体に見る機会が求められています。

　保育施設には，乳児期から就学前に至る子どもがいるという特性があり，子育て家庭にとってみれば，年下の子どもの姿からわが子の成長した姿を確認することができるでしょうし，少し年上の子どもたちからは今後の育ちをイメージすることにもつながります。また子ども一人一人の育ちを理解し，支えようとする保育者たちの実践にふれることで，親自身が子どもを深く理解する視点を得たり，自身の子どもへの関わりを客観的に捉える機会となったりすることもあります。子どもの発達における日々の保育の意義を伝えつつ，子育て家庭が子どもの活動に参加できるような取り組みが必要とされています。

▶1　真田美恵子・田村徳子・荒牧美佐子（2016）「母親の教育・子育てに関する意識」ベネッセ教育総合研究所『第5回　幼児の生活アンケート　レポート』ベネッセコーポレーション，36-58.
https://berd.benesse.jp/up_images/textarea/jisedai/reseach/yoji-anq_5/YOJI_chp2_P36_58.pdf

③　子育ての喜びを分かち合える存在として

　身長，体重などの身体的な発達だけでなく，食事を残さず食べられた，小さい子に優しく関わる姿があった，できなかったことができるようになったなど，子育ての喜びの「たね」はたくさんあるものです。家庭での，一見小さな出来事を理解してもらい，喜び合える相手としての保育者の存在は，親にとって大きなものです。また保育者から伝えられるその日の子どもの様子から，親は子どもの成長を実感し，親としての自信を膨らませていきます。保育者が子育ての喜びを分かち合える存在となることで，親自身が子育ての楽しさを実感し，子どもへの愛情を強めていくことにつながるものと思われます。

④　子育てに関する身近で気軽な相談場所として

　子育てに不安や心配事があったとしても，「相談するほどのことでもない」と，育児相談の場に出向くことを躊躇する家庭は多いものです。また子どもの発達やしつけに関する相談などでは，相談を受ける側が，その子どもの性格や普段の様子を理解していないと，適切な助言や支援にはつながりません。

　保育施設では，送迎時に保護者と保育者が顔を合わせ，その日の出来事を伝え合うことが日常的に行われています。会話のなかから「ちょっと気になることをたずねてみよう」「あれはどう考えたらよいのだろう」などと，生活場面での気軽な相談につながることもみられます。また保護者の悩みが深刻な場合には，相談室などでの個別相談に移行することもあります。

　子育て家庭が保育施設に相談したい内容としては，子どもの発達に関すること，家庭でのしつけ，子育ての不安やストレスなどがあげられています。[2]相談を通して，家庭の大変さを理解してくれた，不安に寄り添い異なる視点を与えてくれた，その子に応じた情報や解決策を提供してくれたなどの対応が，親たちの安心感を高め，毎日の子育て生活を支えています。保育施設の対応だけでは課題解決が難しい事例については，別の関係機関につなげるなど，その家庭にとって最も効果的な支援を検討することが求められます。

▷2　中山智哉（2019）「幼稚園における保護者の相談ニーズに関する研究」『子ども学研究』1，71-84.

⑤　地域における関係性を広げられる環境として

　地域のつながりが希薄化した現代では，子育てを契機に地域での関係性を構築していくことが求められています。保護者懇談会や季節の行事などで親同士の交流を意図したり，送迎時にくつろげる環境を設けることで多くの親子が顔を合わせる機会をつくったりすることも考えられるでしょう。また転入してきたばかりの親子にとっては，新たな子育て仲間を得ようと園庭開放や育児講座などに参加することもあります。それぞれの親子が気軽に参加でき，ほっとできる雰囲気やまた来たいと思える活動づくりが重要になります。（中谷奈津子）

子ども家庭支援における保育士の役割

 保育士の国家資格化と保護者支援

　2001年，保育士は「登録を受け，保育士の名称を用いて，専門的知識及び技術をもつて，児童の保育及び児童の保護者に関する指導を行うことを業とする者」（児童福祉法第18条の４）と規定され，国家資格となりました。この規定により保育士の社会的役割や業務が，「児童の保育」と「児童の保護者に関する指導」であることが明確化されました。

　この点は，保育指針にも反映され，保育所は「…中略…入所する子どもの保護者に対する支援及び地域の子育て家庭に対する支援等を行う役割を担う」（第１章 総則）と示されています。

　なお，幼稚園教諭は法律上での子ども家庭支援の位置づけは明確にされていませんが，幼稚園教育要領などにおいてその役割や重要性が示されています。

　この状況を受け，2001年の保育士養成課程の改正で「家族援助論」が新設されました（2011年の改正で「家庭支援論」に科目名変更）。2011年の改正では「保育相談支援」が新設科目として追加されました。そして，2018年の改正では，「相談援助」と「保育相談支援」の目標及び教授内容のうち，子ども家庭支援の基本的事項は，新たな教科目「子ども家庭支援論」に移行し，保育士による子育て支援の具体的内容・方法・技術などについては，新たな教科目「子育て支援」の教授内容として再編整理されました。

　このような状況は保育士等の社会的役割として，そして保育士等の専門性として保護者への支援の重要性を示すものであり，保育士等は質の高い子ども家庭支援の専門性（価値・倫理，知識，技術）を学ぶことが求められます。

 認定こども園の子育て支援の義務化

　認定こども園では，保護者の就労にかかわらず，就学前の子どもに教育・保育を提供する機能と，地域における子育て支援を行う機能を有する施設です。後者の機能は，すべての子育て家庭を対象に子育て不安に対応した相談活動や，親子の集いの場の提供などを行うものです。このことは，保育教諭にも子ども家庭支援の専門性が求められることを示しています。

▷1　保育士養成課程等検討会「保育士養成課程等の見直しについて〜より 実践力のある保育士の養成に向けて〜（検討の整理）」（2017年12月４日）．

3 **子ども家庭支援における保育士のさまざまな役割**

　子ども家庭支援の業務は，具体的には保護者への相談・助言や情報提供，保護者や他機関との連携，地域の子育て家庭の居場所づくり，保護者同士や子ども同士の交流支援などがあげられます。そのため，保育士は下記のようなさまざまな役割を担います。しかし，これらは保育士個人で担うものではなく，保育士が所属する施設全体で組織として，役割分担して取り組むものです。

○側面的支援者としての役割

　保護者を子育ての主体者として捉え，保護者の力を信じ，それを見出し，子育てに関わる不安や課題の解決に向けての保護者自身の主体的な取り組みを促進する役割です。保護者の子育ての課題は，保育士が保護者の代わりに解決するものではありません。そうではなく，保護者の主体性や自己決定を支えることで，主体的に子育てできるように側面から支援することが求められます。

○教育者としての役割

　保護者の養育力や子育てに関わる課題解決能力を高めるためには，保護者が現在抱えている課題に対する理解を深め，課題に対処するための方法や利用できる社会資源に関する知識をもつことが必要な場合があります。保育士は必要に応じて保護者にわかりやすく情報を提供することや，課題解決に必要な学習の場や機会を提供することが必要です。

○仲介者としての役割

　保育士が保護者の子育てを支援する際に，保護者とそのニーズに応じた適切な社会資源との間を介して，結びつける役割です。たとえば，子どもの発達に不安をもつ保護者に対して保健センターなどを紹介するとともに，保健センターとの連絡や調整などを行うなどがあります。

○代弁者しての役割

　「全国保育士会倫理綱領」にも示されているように，保育士には子どもや保護者のニーズを受け止めて，それを代弁する役割が求められます。子ども家庭支援に限定していえば，保護者の状況やニーズを把握し，それが保護者のみでうまく主張できない場合には，必要に応じて地域や行政に対して変革を求めて働きかけることが求められます。

▷2　全国保育士会倫理綱領
⇨ Ⅲ-6 参照。

○連携者としての役割

　子育て家庭を地域で支えるためには，地域に存在する子育てに関わる各種施設や機関，また医療，保健，教育，福祉など各種のサービスやその従事者，ボランティア団体，地域住民組織などが，相互に連携し，ネットワークを形成し，それが有効に機能することが求められます。連携の第一歩として，地域内にどのような社会資源や専門機関があるのかを把握するとともに，日頃から関係づくりに努めることが必要です。

（鶴　宏史）

参考文献
　日本社会福祉士会編（2009）『新 社会福祉援助の共通基盤（第2版）〈上〉』中央法規.
　厚生労働省（2018）『保育所保育指針解説』.

保育所保育指針にみる子ども家庭支援

保育指針第1章「総則」の1「保育所保育に関する基本原則」において，保育所における保護者との連携や子ども家庭支援における基本原則が示されています。そして，保育指針第4章「子育て支援」は，保育所における保護者との連携や子ども家庭支援における基本的な考え方や内容が示されています。

❶ 保育所保育指針にみる子ども家庭支援の原則
──保育所の役割と子ども家庭支援

保育指針第1章「総則」の1「保育所保育に関する基本原則」(1)「保育所の役割」では，「家庭や地域の様々な社会資源との連携を図りながら，入所する子どもの保護者に対する支援及び地域の子育て家庭に対する支援等を行う役割を担う」と示されています。つまり保育所は，入所する子どもの保護者への支援を行う役割と，地域の子育て家庭に対する支援の役割を担っているのです。ただし，後者の地域の子育て家庭に対する支援については，児童福祉法第48条の4において保育所の努力義務として規定されています。

そして，家庭，地域住民や組織，地域のさまざまな専門職や専門機関などと連携を図りながら，地域に開かれた保育所として，保護者の養育力の向上や地域の子育て力の向上に貢献することが，保育所の役割として求められています。さらに，保護者や地域の子育て家庭にとって身近である保育所による子育て支援は，児童虐待の早期発見・防止の観点からも重要です。

❷ 保育所保育指針にみる子ども家庭支援の原則
──保育の目標と子ども家庭支援

保育指針第1章「総則」の1「保育所保育に関する基本原則」(2)「保育所の目標」では，「保育所は，入所する子どもの保護者に対し，その意向を受け止め，子どもと保護者の安定した関係に配慮し，保育所の特性や保育士等の専門性を生かして，その援助に当たらなければならない」とあります。保護者の意見や要望などからそれぞれの保護者の意向を捉え，各家庭の状況を考慮し，一人ひとりに合わせて対応しなければいけません。その際，常に子どもの最善の利益を考慮して取り組む必要があります。

また，保育士は日々，子どもの様子を丁寧に伝えたり，保育の意図や保育所の取り組みについて説明したりするなかで，子どもについて保護者と共に考え，対話を重ねることが大切です。保育士と保護者がお互いに子どもや子育てに関する情報や考えを伝え合い共有することで，それぞれが子どもについて理解を

▷1　保育所に入所する子どもの保護者への支援，地域の子育て家庭に対する支援については，Ⅲ-7 参照。

深めたり，新たな一面に気がついたりします。このような保育士と保護者との関係の構築は，子どもと保護者の関係の育ちや安定につながります。

③ 保育所保育指針にみる子ども家庭支援の原則
──保育の方法と子ども家庭支援

保育指針第1章「総則」の1「保育所保育に関する基本原則」(3)「保育の方法」では，「一人一人の保護者の状況やその意向を理解，受容し，それぞれの親子関係や家庭生活等に配慮しながら，さまざまな機会を捉え，適切に援助すること」と示されています。保育所における子育て支援では，保護者と連携して子どもの育ちを支える視点が重要で，保護者との信頼関係やパートナーシップの構築が求められます。

そのため，保育所において保護者と関わる日常のさまざまな場面や機会を捉えながら，継続的に対話を重ね，それぞれの保護者の状況や生活背景が異なることを踏まえて，子どもや子育てに対する考え方，思いや願いを丁寧に読み取り，受容するとともに，保護者の子育てを肯定的に捉えることが大切です。その上で，親子関係や家庭での生活状況を把握し，保育所の特性や保育士の専門性を踏まえてそれぞれの保護者に応じた，適切な援助が求められます。

④ 保育所保育指針にみる子ども家庭支援の原則
──保育所の社会的責任と子ども家庭支援

保育指針第1章「総則」の1「保育所保育に関する基本原則」(5)「保育所の社会的責任」では，「保育所は，地域社会との交流や連携を図り，保護者や地域社会に，当該保育所が行う保育の内容を適切に説明するよう努めなければならない」と示されています。社会福祉法第75条では，利用者への情報提供が社会福祉事業の経営者の努力義務とされており，また，児童福祉法第48条の4においても保育所の情報提供が努力義務として定められています。

保育所は，保育所での子どもの一日の過ごし方，年間行事予定，当該保育所の保育方針，保育の内容に関することなどについて，保護者に情報を開示し，保育所を利用しやすいようにすることが大切です。その際，保育所側の一方的な説明ではなく，わかりやすく応答的なものとなることが望まれます。

さらに，「保育所は，入所する子ども等の個人情報を適切に取り扱うとともに，保護者の苦情などに対し，その解決を図るよう努めなければならない」と示されています。保育所や保育士には，子どもや保護者についての情報に対して守秘義務があり，これは児童福祉法第18条の22で定められています。

▷2　守秘義務，秘密保持については，Ⅲ-6 参照。

また，社会福祉法第82条では苦情の解決について規定しています。保育所が，苦情解決責任者である施設長の下に苦情解決担当者を決めて，苦情受付から解決までの手続きの明確化，苦情の内容や経過の記録化など，苦情対応の体制を整えることが求められます。保育所は，苦情を通して，自らの保育や保護者対応を振り返るとともに，誠実な対応が求められます。

⑤ 保育所保育指針にみる子ども家庭支援の基本
──子ども家庭支援の基本

　保育指針第4章「子育て支援」では，保育指針第1章と第2章を踏まえて，子ども家庭支援の基本として，子どもの最善の利益を念頭に置きつつ保育と連動させて子ども家庭支援を行うことや，保育士と保護者と連携して子どもの育ちを支える視点をもつことが示されています。

▷3　保護者に対する基本的態度
⇨ Ⅲ-5 参照。

　そして，**保護者に対する基本的態度**として，保護者の気持ちの受容，保護者の自己決定の尊重，保育士の専門性や保育所の特性を活かした支援，保護者の養育力向上に資する支援，秘密保持が記されています。

▷4　要保護児童対策地域協議会
⇨ Ⅹ-6 参照。

　さらに，地域との関係機関との連携・協働の必要性や，さまざまな社会資源を活用した支援の必要性も示されています。解説書では，特に保育所が連携や協働を必要とする地域機関や関係者として，市町村（保健センターなどの母子保健部門・子育て支援部門等），**要保護児童対策地域協議会**，児童相談所，福祉事務所（家庭児童相談室），児童発達支援センター，児童発達支援事業所，民生委員，児童委員（主任児童委員），教育委員会，小学校，中学校，高等学校，**地域子育て支援拠点**，地域型保育（家庭的保育，小規模保育，居宅訪問型保育，事業所内保育），**市区町村子ども家庭総合支援拠点**，**子育て世代包括支援センター**，子育て援助活動支援事業，NPO法人などをあげています。

▷5　地域子育て支援拠点
⇨ Ⅵ-5 , Ⅶ-2 参照。

▷6　市区町村子ども家庭総合支援拠点
⇨ Ⅹ-6 参照。

▷7　子育て世代包括支援センター
⇨ Ⅹ-6 参照。

⑥ 保育所保育指針にみる子ども家庭支援の基本
──保育所を利用している保護者に対する支援

　保育所を利用する保護者への支援については，保護者との相互理解，保護者の状況に配慮した個別の支援，不適切な養育等が疑われる家庭への支援から構成されています。

○保護者との相互理解

　保護者と保育所の相互理解は，子どもの家庭と保育所での連続性を確保し，子どもの育ちを支えるために不可欠です。保育所や保育士が保護者と関係を築くためには，前述のように保護者の状況の理解，保護者の気持ちや思いの受容，保育の意図の説明，情報交換，保護者の疑問や要望への誠実な対応などが求められます。そのための手段として，送迎時の会話，連絡帳，保護者へのお便り，保育参観や保育参加，行事，入園前，個人面談，家庭訪問などがあります。

▷8　⇨ Ⅳ-4 , Ⅳ-5 参照。

○保護者の状況に配慮した個別の支援

　保護者の就労と子育ての両立支援のため，保護者の多様な保育需要に応じ，多様な事業を実施する場合は，保護者の状況に配慮しつつも，常に子どもの福祉の尊重を念頭に置き，子どもが安定して豊かな時間を過ごせるように家庭と協力・連携する必要があります。

　また，子どもに障害や発達上の課題が見られる場合や，外国籍家庭やひとり親家庭などの特別な配慮を要する家庭に対して，保育所は市町村や関係機関と

連携・協力を図りながら，保護者に対する個別の支援を行うよう努力すること
が示されています。[9] 保育士は保護者の不安感を察知できるように丁寧に関わり，
家庭の状況や問題を把握する必要があります。保護者の意向や思いを理解した
上で，必要に応じて関係機関と連携するなど，社会資源を生かしながら個別の
支援を行う必要があります。

◯ 不適切な養育等が疑われる家庭への支援

保護者が育児不安を抱いている場合，保護者の希望に応じて個別支援を実施
するよう努めます。個別支援を行う際は，必要に応じて関係機関と連携しつつ，
保育所での支援の役割分担をし，組織的対応を行う必要があります。

保護者に不適切な養育や児童虐待が疑われる場合[10]には，日々，保護者と十分
に関わり，親子関係に気を配り，関係機関との連携の下に，子どもの最善の利
益を重視して支援を行うことが大切です。保育所での対応では限界がある場合，
関係機関との密接な連携が強く求められます。市町村や児童相談所への通告や
要保護児童対策地域協議会に参画し，地域の専門機関や専門職との関係を深め
ることが重要です。

⑦ 保育所保育指針にみる子ども家庭支援の基本 —— 地域子育て支援

地域子育て支援も，保育所の特性や保育士の専門性を活かして行うことが重
要です。[11] 地域の状況やニーズに応じて，子育てに関する相談・助言，園庭開放，
子育て講座や体験活動を実施しますが，これらの活動を進める際に，保育所は
保護者が参加しやすい雰囲気づくりを意識することが求められます。保護者が
気軽に立ち寄れて，相談ができる保育所が身近にあることは，子育てをする上
での安心感につながります。

また，一時預かりや休日保育を実施する際には，保育士は子どもの家庭での
生活と保育所での生活との連続性に配慮
するとともに，家庭での様子などを踏ま
え，一人ひとりの子どもの心身の状態な
どを考慮して保育することが求められま
す。

さらに，地域の関係機関や子ども家庭
支援に関わる地域の人材との積極的な連
携・協働を図ることや，地域の子どもを
関わるさまざまな課題に対して，地域の
関係機関と連携・協力して取り組むこと
などが示されています（表Ⅲ-1）。

（鶴　宏史）

▷9　障害のある子どもと
保護者への支援は Ⅴ-4 ，
ひとり親家庭への支援につ
いては Ⅴ-6 ，外国籍にル
ーツがある子育て家庭への
支援については Ⅴ-7 を参
照。

▷10　児童虐待や虐待が疑
われる家庭への支援につい
ては Ⅴ-5 参照。

▷11　保育所における地域
子育て支援については
Ⅵ-1 を参照。

参考文献
厚生労働省（2018）『保育
所保育指針解説』．

表Ⅲ-1　保育所における保護者に対する支援の基本

保育所における保護者に対する子育て支援は，全ての子どもの健やかな育ち
を実現することができるよう，第1章及び第2章等の関連する事項を踏まえ，子
どもの育ちを家庭と連携して支援していくとともに，保護者及び地域が有する
子育てを自ら実践する力の向上に資するよう，次の事項に留意するものとする。
1　保育所における子育て支援に関する基本的事項
(1)　保育所の特性を生かした子育て支援
ア　保護者に対する子育て支援を行う際には，各地域や家庭の実態等を踏まえ
　るとともに，保護者の気持ちを受け止め，相互の信頼関係を基本に，保護者
　の自己決定を尊重すること。
イ　保育及び子育てに関する知識や技術など，保育士等の専門性や，子どもが
　常に存在する環境など，保育所の特性を生かし，保護者が子どもの成長に気
　付き子育ての喜びを感じられるように努めること。
(2)　子育て支援に関して留意すべき事項
ア　保護者に対する子育て支援における地域の関係機関等との連携及び協働を
　図り，保育所全体の体制構築に努めること。
イ　子どもの利益に反しない限りにおいて，保護者や子どものプライバシーを
　保護し，知り得た事柄の秘密を保持すること。

出所：保育所保育指針（第4章1）．

3　幼稚園教育要領，幼保連携型認定こども園教育・保育要領にみる子ども家庭支援

1　幼稚園教育要領における子ども家庭支援

　教育要領においては，まず，第1章「総則」において，教育課程の編成に関する方針の家庭との共有や，入園当初の子どもや3歳児の入園における家庭との緊密な連携が記されています。

　さらに，第1章「総則」第6「幼稚園運営上の留意事項」において，「幼児の生活は，家庭を基盤として地域社会を通じて次第に広がりをもつものであることに留意し，家庭との連携を十分に図るなど，幼稚園における生活が家庭や地域社会と連続性を保ちつつ展開されるようにするものとする。…中略…家庭との連携に当たっては，保護者との情報交換の機会を設けたり，保護者と幼児との活動の機会を設けたりなどすることを通じて，保護者の幼児期の教育に関する理解が深まるよう配慮する」と示され，幼稚園生活と家庭生活の連続性の考慮や保護者の幼児教育の理解の考慮が強調されています。

　また，教育要領第1章「総則」第7「教育課程に係る教育時間終了後等に行う教育活動など」では，幼稚園の標準教育時間4時間の前後に実施される，いわゆる「**預かり保育**」や子ども家庭支援について説明示されています。

▷1　預かり保育
⇨ Ⅵ-2 および Ⅶ-2 の表 Ⅶ-1を参照。

　これに伴い，第3章「教育課程に係る教育時間の終了後等に行う教育活動などの留意事項」1において，「家庭との緊密な連携を図るようにすること。その際，情報交換の機会を設けたりするなど，保護者が，幼稚園と共に幼児を育てるという意識が高まるようにすること」などが述べられており，家庭との連携や保護者の実態の理解が求められています。さらに，第3章では幼稚園の子ども家庭支援として，幼稚園機能の開放，幼児教育に関する相談や情報提供，保護者同士の交流促進，関係機関との連携があげられています。

2　幼保連携型認定こども園教育・保育要領にみる家庭支援

　幼保連携型認定こども園教育・保育要領（以下，教育・保育要領）の第1章「総則」では，家庭との連携の重要性や家庭や地域，幼保連携型認定こども園における生活の連続性の確保の重要性が示されています。

　そして，同じく第1章「総則」第3「幼保連携型認定こども園として特に配慮すべき事項」7では，幼保連携型認定こども園の子ども家庭支援にあたり「子どもに対する学校としての教育及び児童福祉施設としての保育並びに保護

者に対する子育ての支援について相互に有機的な連携が図られるようにすること。また，幼保連携型認定こども園の目的の達成に資するため，保護者が子どもの成長に気付き子育ての喜びが感じられるよう，幼保連携型認定こども園の特性を生かした子育ての支援に努めること」と示され，教育・保育と子育て支援の有機的連携や，施設の特性を生かした子ども家庭支援が求められています。

　さらに第4章「子育ての支援」では，子ども家庭支援の基本として，子どもの最善の利益を考慮することや，保育士と保護者と連携して子どもの育ちを支える視点をもつこと，保護者や地域の子育て力向上に資することが示されています。

　保護者に対する基本的態度[42]として，保護者の気持ちの受容，保護者の自己決定の尊重，幼保連携型認定こども園の特性を活かした支援，保護者の養育力向上に資する支援，秘密保持[43]が記されています。加えて，地域の関係機関との連携や社会資源を活用した支援の必要性も示されています。

　そして，幼保連携型認定こども園を利用する子どもの保護者に対する支援と，地域子育て支援についても示されています。その内容は，保育指針と類似していますが，幼保連携型認定こども園では地域子育て支援は義務となるので，「幼保連携型認定こども園において，認定こども園法第2条第12項に規定する子育て支援事業を実施する際には，当該幼保連携型認定こども園がもつ地域性や専門性などを十分に考慮して当該地域において必要と認められるものを適切に実施すること」と記載されています。

③ 保育所保育指針，幼稚園教育要領，幼保連携型認定こども園教育・保育要領にみる子ども家庭支援の視点

　3つの指針・要領における子ども家庭支援の共通する点は以下の三点です。

　第一に，家庭との連携や保育者と保護者との相互理解です。保育の連続性を踏まえれば，子どもに関する情報共有などを通して保護者と密接に関わることは必要不可欠です。その際，保護者と共に子どもを育てる姿勢が求められます。

　第二に，地域との連携です。子どもや保護者の生活は，家庭を基盤として地域，社会を通じて広がるものです。そのため，子育て家庭を地域で支えるためには，地域住民や地域の専門機関などと連携し，有機的なネットワークを構築することによって，地域における子どもの養育力の向上が期待されます。

　第三に，社会の課題としての子育てです。子育て家庭は地域や社会のなかで生活し，そこに変化が起こればその影響を受けます[44]。この視点が欠けると，保育者は保護者の養育機能の低下ばかりに着目し，両者の対立関係を深めます。そうではなく，社会で子どもを育てる姿勢で，そして，保護者も「親」として成長できるように社会的に支援すること，そして近隣や地域において子どもや保護者が育つようにつながりを構築することが求められます。　　　　（鶴　宏史）

▷2　保護者に対する基本的態度
⇨ Ⅲ-5 参照。

▷3　守秘義務，秘密保持については，Ⅲ-6 参照。

▷4　子育て家庭を取り巻く地域や社会の変化や現状については，Ⅱ-3，Ⅱ-4，Ⅱ-6 を参照。

（参考文献）
　文部科学省（2018）『幼稚園教育要領解説』。
　厚生労働省（2018）『保育所保育指針解説』。
　内閣府・文部科学省・厚生労働省（2018）『幼保連携型こども園教育・保育要領解説』。

保育所以外の児童福祉施設における子ども家庭支援

 社会的養護施設の運営指針にみる子ども家庭支援

　厚生労働省が通知として提示している社会的養護施設（乳児院，児童養護施設，母子生活支援施設，児童心理治療施設，児童自立支援施設）の運営指針では，「子どもの最善の利益のために」と「すべての子どもを社会全体で育む」の基本理念のもと，① 家庭的養護と個別化，② 発達の保障と自立支援，③ 回復をめざした支援，④ 家庭との連携・協働，⑤ 継続的支援と連携アプローチ，⑥ ライフサイクルを見通した支援，の6つの社会的養護の基本原理，すなわち支援における基本的な考え方が提示されています。

　子ども家庭支援に特に関係する原理は，家庭との連携・協働ですが，そこでは「保護者の不在，養育困難，さらには不適切な養育や虐待など，『安心して自分をゆだねられる保護者』がいない子どもたちがいる。また子どもを適切に養育することができず，悩みを抱えている親がいる。さらに配偶者等による暴力（DV）などによって『適切な養育環境』を保てず，困難な状況におかれている親子がいる。社会的養護は，こうした子どもや親の問題状況の解決や緩和をめざして，それに的確に対応するため，親と共に，親を支えながら，あるいは親に代わって，子どもの発達や養育を保障していく包括的な取り組みである」と示されています。

▷1　里親については Ⅷ-7 参照。

　さまざまな事情で保護者が子どもを養育することが困難な場合，**里親**，ファミリーホームなどの家庭養護や施設が保護者に代わり子どもの発達や養育を保障します。保護者が養育に参加できる場合，支援で重要なことは，保護者との連携や協働であり，各施設が保護者とともに子どもを支援するという姿勢が求められます。職員には，保護者の主体性を大切にして，施設が保護者を支えつつ，ともに養育する姿勢が求められます。

▷2　ただし，母子生活支援施設については，親子で入所していることから異なる構成になっており，「母親や子どもの家族関係の悩みや不安に対する相談・支援を行う」ことが示されている。

　さらに，子ども家族支援については「家族とのつながり」と「家族への支援」の2項目が設けられています。前者については，① 児童相談所と連携し，子どもと家族との関係調整を図ることや家族からの相談に応じる体制づくりを行うこと，② 子どもと家族の関係構築のために面会，外出，一時帰宅などを積極的に行うことが示されています。後者については，**親子関係の再構築**のために家族への支援に積極的に取り組むことが明示されています。

▷3　親子関係の再構築 ⇨ Ⅷ-2 参照。

② 通所施設のガイドラインにみる子ども家庭支援

　厚生労働省は，障害のある子どもやその家族に対して質の高い児童発達支援を提供するため，児童発達支援センターや児童発達支援事業所における児童発達支援の内容や運営などについて定めた「児童発達支援ガイドライン」をだしています。

　ガイドラインの第2章「児童発達支援の提供すべき支援」1-(2)「家族支援」において，「障害のある子どもを育てる家族に対して，障害の特性に配慮し，子どもの『育ち』や『暮らし』を安定させることを基本に，丁寧な『家族支援』を行うことが必要である」と述べられています。そして，子ども家庭支援のねらいとして，① 家族からの相談に対する適切な助言やアタッチメント形成（愛着行動）等の支援，② 家庭の子育て環境の整備，③ 関係者・関係機関との連携による支援が示されています。そして，続いて10の支援の内容，支援に当たっての配慮事項が続きます（表Ⅲ-2参照）。

表Ⅲ-2 「児童発達支援ガイドライン」における家族支援

(2) 家族支援
　障害のある子どもを育てる家族に対して，障害の特性に配慮し，子どもの「育ち」や「暮らし」を安定させることを基本に，丁寧な「家族支援」を行うことが必要である。
　特に，保護者が子どもの発達を心配する気持ちを出発点とし，障害があっても子どもの育ちを支えていける気持ちが持てるようになるまでの過程においては，関係者が十分な配慮を行い，日々子どもを育てている保護者の思いを尊重し，保護者に寄り添いながら，子どもの発達支援に沿った支援が必要である。
ア　ねらい
(ア) 家族からの相談に対する適切な助言やアタッチメント形成（愛着行動）等の支援
(イ) 家庭の子育て環境の整備
(ウ) 関係者・関係機関との連携による支援
イ　支援内容
(ア) 子どもに関する情報の提供と定期的な支援調整
(イ) 子育て上の課題の聞きとりと必要な助言
(ウ) 子どもの発達上の課題についての気づきの促しとその後の支援
(エ) 子どもを支援する輪を広げるための橋渡し
(オ) 相談支援専門員との定期的な支援会議や支援計画の調整
(カ) 関係者・関係機関の連携による支援体制の構築
(キ) 家族支援プログラム（ペアレント・トレーニング等）の実施
(ク) 心理的カウンセリングの実施
(ケ) 家族の組織化と定期的な面会
(コ) 兄弟姉妹等の支援
ウ　支援に当たっての配慮事項（略）

　そして，ガイドラインの第5章「児童発達支援の提供体制」6「保護者との関わり」では，「職員は，子どもや保護者の満足感，安心感を高めるために，提供する支援の内容を保護者とともに考える姿勢を持ち，子どもや保護者に対する丁寧な説明を常に心がけ，子どもや保護者の気持ちに寄り添えるように積極的なコミュニケーションを図る必要がある」とし，保護者との連携，子どもと保護者に対する説明責任，保護者に対する相談援助，苦情解決対応，適切な情報伝達手段の確保の必要性について示されています。保育指針と同様に，保護者と連携して子どもの育ちを支えることや保護者との信頼関係の構築，そのための保護者の気持ちの受容，秘密保持といった支援の姿勢が重視されています。

（鶴　宏史）

参考文献
　厚生労働省（2012）『乳児院運営指針』.
　厚生労働省（2012）『児童養護施設運営指針』.
　厚生労働省（2012）『母子生活支援施設運営指針』.
　厚生労働省（2012）『情緒障害児短期治療施設運営指針』.
　厚生労働省（2012）『児童自立支援施設運営指針』.
　厚生労働省（2017）『児童発達支援ガイドライン』.

5　子ども家庭支援における保育士の姿勢

1　保育士の姿勢とは

　ここでいう保育士の姿勢とは，保育士が業務を行う際の態度，あるいは心構えです。つまり，保育や保育相談支援を行う際の心構え，子どもや保護者に対する態度といえます。このような態度は，保育士の専門職としての価値や倫理，援助の原則などに根ざしており，すべての保育士に共通するものです。

　保育指針の第4章「子育て支援」には，前出の表Ⅲ-1のように，保育所における子育て支援の基本的事項が示されています。ここでは，施設の種類にかかわらず，保育士の子ども家庭支援に共通すると考えられる基本的な項目について述べていきます。

▶1　なお，プライバシーの保護，秘密保持については，保育者の倫理と重複するため Ⅲ-6 を参照のこと。

2　子どもの最善の利益を考慮し，子どもの福祉を重視する

　「子どもの最善の利益」は，児童の権利に関する条約（第Ⅰ部第3条第1項）で定められる理念であり，子どもに関わる専門職の価値・倫理として最も重要なものです。子どもの最善の利益とは，「子どもの生存，発達を最大限の範囲において確保するために，必要なニーズが最優先されること」であり，子どもに関係することを決定する際に，その子どもにとっての最善は何かを軸に物事を考える必要があることを意味します。

▶2　網野武博（2002）『児童福祉学』中央法規出版，25.

　児童福祉法第2条において，「全て国民は，児童が良好な環境において生まれ，かつ，社会のあらゆる分野において，児童の年齢及び発達の程度に応じて，その意見が尊重され，その最善の利益が優先して考慮され，心身ともに健やかに育成されるよう努めなければならない」と定められています。さらに，「**全国保育士会倫理綱領**」においても「1　子どもの最善の利益の尊重」として「私たちは，一人ひとりの子どもの最善の利益を第一に考え，保育を通してその福祉を積極的に増進するよう努めます」と，倫理綱領の最初に謳われています。

▶3　**全国保育士会倫理綱領**
⇨ Ⅲ-6 を参照。

　このように保育士にとって，子どもの最善の利益を考慮することは業務の大前提で，解説書では「保育所における保護者に対する子育て支援は，子どもの最善の利益を念頭に置きながら，保育と密接に関連して展開されるところに特徴があることを理解して行う必要がある」と示されています。

　そして，子どもの利益と保護者の利益がいつも一致するものではないことも念頭に置く必要があります。ただ，これらのことから子どもの利益と保護者の

それが対立するものと捉え，子どもの利益を優先させることではありません。保護者を支援することが，子どもの利益にどのように影響するのか，子どもの利益をもたらすのか，その相互作用やプロセスを考慮することが必要です。

③　保護者一人ひとりの状況や背景を理解する

　保育者の子ども家庭支援は，保護者が主体的に子育てに取り組めるように支援することを目指します。そのために，保護者も子どもと同じように一人ひとり個性をもった人間であることを認識するとともに，各家庭の状況を理解することが必要です。なぜなら，同じ子育て家庭とはいえ，それぞれの保護者や家庭の状況は背景，ニーズは異なるからです。さらに，さまざまな関係性（親子関係，保護者同士の関係，地域と家庭との関係など）を把握することが必要です。

　そのため，保護者の抱える悩みや困難が似たものであっても，それぞれの問題として捉え，「同じ問題は存在しない」と認識する必要があります。その際，「この人は○○という人だ」という決めつけや，「これはイヤイヤ期の対応の仕方のケース」と安易な分類と画一的な解決は厳禁で，保護者一人ひとりに応じた援助を行うことが求められます。その第一歩として，保育者は，保護者のさまざまな関係性や状況の把握に努めます。

　たとえば，イヤイヤ期の子どもの対応で困っている保護者からの相談があったとしましょう。この場合，最終的に保育者は保護者に対して何らかの助言をしたり，実際に同じ年齢の子どもの対応を見せたり，あるいは保護者の対応から適切なものを引き出したりするかもしれません。しかし，相談した保護者が初めての子どものことで困っているのか，二人目の子どものことで困っているのかで保育者の関わり方は変わってきます。さらに困っているのは母親だけで父親は困っていないのか，その逆なのか，二人とも困っているのかでも保育者の関わり方は変わります。つまり，ゴール（解決方法の提示）は同じかもしれませんが，ゴールまでのルート（言葉のかけ方，関わり方，支援の進め方）が異なるということです。

④　保護者の気持ちを受け止める

○保護者を受容する

　解説書に示されるように，保育相談支援では，一人ひとりの保護者を尊重しつつ，ありのままを理解し受け止める「受容」が基本的姿勢として求められます。受容のためには，まずは③で触れた保護者の背景や状況の理解が求められます。つまり，親子の背景を知り，何が起こっているかを知ろうとすることです。たとえば，「Aさんは，親なのに子どもを時間通りに保育所に連れてくることができない。だからダメな親だ」ではなく，「Aさんは，親なのに子どもを時間通りに保育所に連れてくることができない。それはなぜだろう」「どうい

う状況なのだろうか」と，背景を知ろうとすることが重要です。

　そして，受容とは，不適切と思われる行動などを無条件に肯定し，許容することではなく，そのような行動も保護者理解の手がかりとする姿勢を保つであることを認識する必要があります。

> **事 例**
>
> 　佐藤花子さんはシングルマザーで，パートを掛け持ちしながら一人で4歳の佐藤太郎くんを育てています。頼れる親戚や友人はおらず，Ｚ保育所を利用しています。ある日，太郎くんの担任の田中先生は，佐藤さんに「離婚した夫は養育費の支払いを怠っており生活が苦しい状況で，生活の見通しのなさや苦しさから，たびたび子どもに暴言をはいたり，長時間無視したりすることがある」と相談を受けました。

　上記のような状況で，保育士は「このような状況なので，暴言や無視は仕方がない」と許容してはいけません。「暴言」「無視」といった行為には客観的な評価や判断が必要です。受容とは，暴言や無視に至る背景や状況，今の状況に対する佐藤花子さんの不安な気持ち，悲しみを汲み取り受け止めることなのです。そして，どうしたら太郎くんへの暴言や無視をせずに生活できるか，子育てできるかを一緒に考えることが求められるのです。

○保護者の表出した感情に適切に関わる

　前述の事例で，佐藤花子さんが田中先生に対して，離婚した夫に対する怒りや今の状況に対する悲しみをぶつけてきたらどのように対応しますか。私たちは，何らかの悩みや困難を抱える時，それらに対する感情を表すことは，問題解決に向かう原動力となります。そのため，保護者が怒りや悲しみなどの感情を出すことを否定せずに認めるとともに，そのような感情が表せるように保育士は関わらなければいけません。

　そして，保護者が否定的な感情や態度を保育者にぶつける時，保育者は保護者の感情に呑み込まれないよう，落ち着いて，保護者の感情を受け止めつつ対応する必要があります。そのために，保護者の背景や心情を理解するとともに，保育者自身の感情を自覚することが求められます。

○保護者の考えや価値観を一方的に非難しない

　保育士と異なる考えや価値観をもつ保護者を一方的に非難したり，こちらの考えや価値観を押し付けたりしてはいけません。事例では，佐藤花子さんは太郎くんをしっかりと養育できていない状況ですが，田中先生が「もっときちんと子育てするべき」「なぜ別れた夫から養育費を支払ってもらわないのか」と一方的に責めてはいけません。悩みや困難を抱えた保護者は，保育者などから一方的な非難や叱責を受けたくないと思っています。保護者は保育者から批判される恐れを感じているうちは，否定的な感情などを自由に表現できず問題解決に結びつきません。

そのため，保育者は自分自身の価値観は一旦棚上げして，保護者の考えや価値観はその人のこととしてその事実を受け止めるとともに，前述のように，保護者の状況を受け止め，なぜ今このような状況なのかを理解しようとすることが重要です。

⑤ 保護者の自己決定を尊重する

保育相談支援の過程においては，保護者の自己決定，すなわち，保育者は保護者自らが選択し，決定できるように支えることが求められます。ただし，このことはただ単に保護者に丸投げしたり，保護者の決めたことを保護者の自己責任として放任したりすることではありません。

保育士は保護者のもつ力を信じながら，決定までの過程で生じる不安や葛藤を受けとめつつ，必要に応じて情報提供したり選択肢を提示したりするなど，保護者に寄り添いながら共に歩む姿勢が必要です。

⑥ 保護者とともに，子どもの成長の喜びを共有する

日々，子どもは成長し，その成長する姿は保護者にとっても，保育士にとっても喜びを感じることです。解説書に示されるように，保育士と保護者が関わるなかで，子どもへの愛情や成長を喜ぶ気持ちを共感し合うことによって，保護者は子どもの成長に気づき子育ての喜びを感じ，そして，子育てへの意欲や自信をふくらませることができます。

そのためには，保育士には保護者に共感する姿勢が求められます。すなわち，保護者の子育てについて理解しようとする姿勢をもつとともに，保護者の心情に寄り添うことが必要です。さらに保育所での子どもの姿を的確に伝えられるようにすることが求められ，子ども一人ひとりのことを十分に把握するとともに，子どもの具体的な姿や様子を意識して捉える必要があります。

⑦ 保育士自身を理解する

保育相談支援において，保育士自身の個人的感情や価値観を持ち込むことは，保護者の受容や自己決定の尊重を妨げたり，保育士の誤った判断に結びついたりします。そのため，保育士は対人援助の専門職として，自己覚知，すなわち自分自身のことを理解する必要があります。保育士が自分の性格や個性，子育て観などを知り，自らの感情や態度を意識的に統制することで，適切な支援につながります。

そのために，自分がどのような時に感情が揺れ動かされるのか，どのようなことに不条理だと感じるか，どのような価値観や考えを受容でき，逆に受容できないのかなどを振り返る必要があります。 (鶴　宏史)

参考文献

柏女霊峰・橋本真紀編著 (2016)『保育相談支援 (第2版)』ミネルヴァ書房.

亀﨑美佐子 (2018)『保育の専門性を生かした子育て支援——「子どもの最善の利益」をめざして』わかば社.

F・P・バイスティック著，尾崎新・福田俊子・原田和幸訳 (2006)『ケースワークの原則——援助関係を形成する技法 (新訳改訂版)』誠信書房.

厚生労働省 (2018)『保育所保育指針解説』.

子ども家庭支援における保育士の倫理

① 専門職の価値と倫理

　保育指針には「保育士は…中略…倫理観に裏付けられた専門的知識，技術及び判断をもって，子どもを保育するとともに，子どもの保護者に対する保育に関する指導を行う」と示されています。このように，保育士などの対人援助の専門職は，それにふさわしい知識と技術と共に，専門職としての価値・倫理を有することが求められます。

　専門職の価値とは，その専門職が大切にする信念の集まりで，行為を方向づけるものです。そして，専門職倫理とは価値を実現するための義務や規範の体系であり，専門職としての望ましい・正しいとされる行動です。たとえば，NAEYC では，保育者の価値として「個人の尊厳・価値・独自性の尊重」「子どもと保護者のつながりの認識と援助」など 7 項目をあげ，倫理として「家族の養育観と，我が子に対する家族の決定権を認める」など36項目をあげています。

　このような価値と倫理が求められるのは，対人援助職の専門的行為は利用者の人権や尊厳やさらには利用者の生命，生活，人生に大きな影響を与えるからです。そのため，個人的な価値・倫理ではなく，専門職としての価値や倫理に基づく判断が必要とされるのです。

② 倫理綱領と子ども家庭支援

　各専門職団体は，専門職倫理を明文化した倫理綱領をもっています。これにより，① 利用者や社会に対してその専門職集団の役割を示す，② 専門職集団内での価値と倫理の共通認識や共有を図る，③ その専門職集団に所属する専門職者の不正行為を規制する，といったことが期待されます。

　保育士であれば，2003年に「全国保育士会倫理綱領」が策定され，全国保育協議会および全国保育士会によって採択されました。この綱領は前文と，表Ⅲ-3に示す 8 つの条文から構成されています。

　子ども家庭支援に展開するにあたっては，全国保育士会倫理綱領の 8 条文の中では特に，「保護者との協力」「プライバシーの保護」「利用者の代弁」「地域子育て支援」を強く意識する必要があります。ここでは「プライバシーの保護」に絞って解説します。

▷1　NAEYC（National Association for the Education of Young Children；全米乳幼児教育協会）は，1926年に設立されたアメリカ最大の乳幼児教育関係者による専門職団体である。

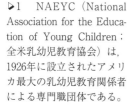
▷2　NAEYC の倫理綱領では，価値として 7 項目，倫理として 4 領域36項目，さらに行動規範として 4 領域48項目を設けています。我が国では日本社会福祉士会倫理綱領がこれと同じような形式となっている。

表Ⅲ-3　全国保育士会倫理綱領

① **子どもの最善の利益の尊重**：私たちは，一人ひとりの子どもの最善の利益を第一に考え，保育を通してその福祉を積極的に増進するよう努めます。

② **子どもの発達保障**：私たちは，養護と教育が一体となった保育を通して，一人ひとりの子どもが心身ともに健康，安全で情緒の安定した生活ができる環境を用意し，生きる喜びと力を育むことを基本として，その健やかな育ちを支えます。

③ **保護者との協力**：私たちは，子どもと保護者のおかれた状況や意向を受けとめ，保護者とより良い協力関係を築きながら，子どもの育ちや子育てを支えます。

④ **プライバシーの保護**：私たちは，一人ひとりのプライバシーを保護するため，保育を通して知り得た個人の情報や秘密を守ります。

⑤ **チームワークと自己評価**：私たちは，職場におけるチームワークや，関係する他の専門機関との連携を大切にします。また，自らの行う保育について，常に子どもの視点に立って自己評価を行い，保育の質の向上を図ります。

⑥ **利用者の代弁**：私たちは，日々の保育や子育て支援の活動を通して子どものニーズを受けとめ，子どもの立場に立ってそれを代弁します。また，子育てをしているすべての保護者のニーズを受けとめ，それを代弁していくことも重要な役割と考え，行動します。

⑦ **地域の子育て支援**：私たちは，地域の人々や関係機関とともに子育てを支援し，そのネットワークにより，地域で子どもを育てる環境づくりに努めます。

⑧ **専門職としての責務**：私たちは，研修や自己研鑽を通して，常に自らの人間性と専門性の向上に努め，専門職としての責務を果たします。

出所：全国保育士会 HP。

3　子ども家庭支援における倫理——守秘義務と情報共有

　保育士はその職務上，保護者や子どもからプライバシーに関わることを知り得る立場にいます。プライバシーは一般的には，他人の干渉を許さない，各個人の私生活上の自由であるとされ，そして，プライバシー権は憲法第13条で保障される人権と捉えられています。すなわち，私生活をみだりに公開されない権利として見なされています。このように，保護者のプライバシーの保護は，保護者の基本的な権利といえます。そのため，保育士は専門職の倫理として，さらに，保護者との信頼関係をより確かなものとするためにも秘密保持に努めなければいけません。この点は，保育指針にも明記されています。

　さらに，プライバシー保護に関連して，保育士は個人情報を適切に取り扱うことが求められます。たとえば，保育所などで取り扱う個人情報は，児童票，各種申請書，名簿，連絡帳，写真などがありますが，これらは具体的な物であるため，情報の漏洩や流出，悪用されないように慎重な取り扱いが必要です。

　そして，児童福祉法では，保育士は「正当な理由がなく，その業務に関して知り得た人の秘密を漏らしてはならない。保育士でなくなつた後においても，同様とする」（第18条の22）と守秘義務が規定されています。これは他のほとんどの専門職でも同様の規定はあり，これに違反した場合，罰則があることを意味します。

　このようにプライバシーの保護は倫理と法律から遵守する必要があります。ただし，子どもが虐待を受けているなど，秘密保持が子どもの福祉を侵害し，子どもの最善の利益を図ることができないような場合は，必要な対応を図るために，関係機関などへの通告や協議することが認められます。

▷3　河野正輝（2007）「人権の思想」仲村優一・一番ケ瀬康子・右田紀久恵監修『エンサイクロペディア社会福祉学』中央法規，280-283.

④　倫理的ジレンマ

　業務を行うなかで専門職倫理を守ろうとすれば，倫理的ジレンマが生じる可能性が高くなります。倫理的ジレンマとは，自分の業務を行う際に相反する複数の専門職倫理がぶつかり合い，どれを選択しても何かが犠牲になると考えられる時，保育士がどのような決定を下せばよいか葛藤し，支援方針の決定が困難となることを意味します。

⑤　倫理的ジレンマへの対応──事例を通して

　ここでは，NAEYC の倫理綱領のガイドブックに示されている，倫理的ジレンマの一事例を取り上げ，「日本保育士会倫理綱領」の専門職倫理に当てはめながら，その対応プロセスを紹介します[4]。なお，事例中の名前は日本名に変更しています。

▶4　Feeney, S. & Freeman, N. K.（2018）*Ethics and the Early Childhood Educator: Using the NAEYC Code*（Third Edition）, NAEYC. 58-62.

> **事 例**
> 　鈴木先生が担任をする3歳児クラスに高橋愛子ちゃんがいて，朝7時～夜20時まで保育所で過ごしています。彼女の母親の高橋花子さんは，鈴木先生に対して愛子ちゃんを常に清潔にし，服や体が汚れるような泥遊びや砂遊び，絵具などを用いた活動に参加させないように求めています。「ひとり親で次の日の仕事があって時間がないのに，愛子が汚れるような遊びをした日に服や体についた汚れを落とすのが大変だ」と，高橋さんは鈴木先生に話します。

　倫理的ジレンマの解決には，必ずしも正解があるわけではありません。しかし，保育士が専門職として最も倫理的な判断を下すためには，一定のプロセスに沿って，同僚や他の専門職と協議しながらさまざまな角度から検討する必要があります。それは，具体的には以下の5つのプロセスになります。

- 第一段階：倫理的ジレンマを把握します。
- 第二段階：情報収集をしながら，誰が自分の倫理的判断でどのような影響を受けるかを把握し，関係者全員が満足する問題解決の方法を考えます。
- 第三段階：第二段階で解決しない場合，倫理綱領を参照しつつすべての選択肢を考え，そのメリットとデメリットを考えます。
- 第四段階：第三段階の内容を検討し，方針を決定します。
- 第五段階：方針に基づいて実際に行動し，それを評価します。

このプロセスに沿って，事例の倫理的ジレンマの対応をみていきましょう。

○第一段階

　倫理的ジレンマは，「全国保育士会倫理綱領」の条文の中の，「子どもの最善の利益の尊重」「子どもの発達保障」「利用者の代弁」の3つの項目が，「保護者との協力」とぶつかり合う状態です。

　つまり，鈴木先生は，高橋さんの暮らしの負担を考えると，高橋さんの要望や希望について理解できる一方で，愛子ちゃんに感覚遊びや表現活動を経験す

ることの必要性や，健全な発達に貢献することも理解しているからです。これらは，子どものニーズと母親のニーズとの間の葛藤です。

❍第二段階

影響を受けるのは，高橋花子さんと高橋愛子さんです。高橋さんが夜に洗濯をしたり，ゆっくりと入浴をしたりするのが難しいと確認できれば，愛子ちゃんが泥遊びや砂遊び，絵具などを用いた活動の日に，問題の解決に向けて鈴木先生が高橋さんを手助けできることがあります。鈴木先生は愛子ちゃんの髪を後ろに束ねることができるでしょう。あるいは，鈴木先生は愛子ちゃんが降園する前に服を洗えるかもしれません。また，保育所は子どもたちが身につけられるスモックを提供できるかもしれません。

鈴木先生は，クラス活動の見直しもできるかもしれません。泥遊びや砂遊びの代わりに粘土ややスライムで遊ぶことも考えられます。また，鈴木先生は，週に一回程度，高橋さんの都合がよい日に泥遊びや砂遊び，絵具などを用いた活動を予定することもできるでしょう。このように話し合うなかで，折り合いをつけることができるかもしれません。

❍第三段階

第二段階で解決しない場合，選択肢は二つに分かれます。一つは，鈴木先生は愛子ちゃんに泥遊びや砂遊び，絵具などを用いた活動に参加させるという決定です。その根拠は，愛子ちゃんの成長や発達のためにこれらの活動が必要だと判断できるためです。つまり，子どもの利益や子どもの発達保障を最優先したことになります。

もう一つの選択肢は，鈴木先生は愛子ちゃんに泥遊びや砂遊び，絵具などを用いた活動に参加させない決定です。その根拠は，高橋さんの仕事や生活をすることの大変さを理解し，保護者である高橋さんの意向を尊重するためです。つまり，保護者との協力を最優先したことになります。どちらの決定も筋の通った根拠があり，そしていずれもいくつかのメリットとデメリットがあります。

❍第四段階・第五段階

二つの選択肢から一つを選び，実行します。対応としては，愛子ちゃんに泥遊びや砂遊び，絵具などを用いた活動に参加させるか（愛子ちゃんを優先させるか），参加させないか（高橋さんを優先させるか）になります。いずれにしても実行の際に保育士は関係者と誠実に説明し，話を聴く雰囲気づくりが重要となります。そして，その選択に基づいた内容が実施された後，保育士はその成果を評価しなければなりません。

このように保育士は日々，複雑で難しい判断に迫られます。その際に専門職として子ども家庭支援を行うためには，自らの専門職の価値や倫理に対して理解を深め，内在化する必要があります。　　　　　　　　　　　（鶴　宏史）

（参考文献）

柏女霊峰監修（2018）『改訂 2 版　全国保育士会倫理綱領ガイドブック』全国社会福祉協議会.

日本社会福祉士会編集（2009）『改訂　社会福祉士の倫理——倫理綱領実践ガイドブック』中央法規.

小山隆（2003）「福祉専門職に求められる倫理とその明文化」『月刊福祉』86(11), 16-19.

保育士による子ども家庭支援の対象と内容

　保育者による子ども家庭支援の対象は，保育所の場合，保育指針に明記されるように，入所している子どもの保護者，地域の子育て家庭に大別されます。この点は幼稚園，認定こども園や他の児童福祉施設などでも同様ですが，各施設の機能や目的によって利用者が異なるため，それぞれの保護者の特性についても理解する必要があります。ここでは保育所を中心に述べます。

 入所している子どもの保護者への支援

●日々の保護者との関わりと子育て支援

　保育所入所している子どもの保護者とは日々の関わりがあります。そのため，送迎時の会話や連絡帳などの日々のコミュニケーションを通して，保育者の視点から，子どもの理解の仕方や成長の姿などを知らせることは，保護者を励まし子どもへの理解を助ける意味で，重要な子ども家庭支援といえます。

▷1　⇨ Ⅳ-4 参照。

　さらに，保護者が参加する行事（保護者懇談会や個人面談，保育参観など）や保護者の自主的活動の支援を通して，保育の意図，日常の保育や子どもの様子を伝えることや，保護者の気持ちや悩みを聴く機会とすること，保護者同士の交流の場を設けることなどの支援が可能です。

▷2　⇨ Ⅳ-5 参照。

●保護者の就労と子育ての両立支援

　保育所に入所している子どもの保護者の多くは就労をしています。そのため，保護者の就労状況に応じた多様な保育サービスは，保育所の重要な役割の一つです。保護者の就労と子育ての両立を支援するための具体的な内容・方法として，①延長保育・夜間保育，②休日保育，③病児・病後児保育があげられます。これらの実施にあたっては，保護者の状況を配慮するともに，常に子どもの福祉の尊重を念頭におき，子どもの育ちや生活への配慮がなされるように，保護者と連携し，協力する必要があります。

●特別な支援・配慮が必要とされる子どもの保護者に対する支援

　障害や発達上の課題が見られる子どもの保護者や外国籍家庭などに対しては，さらに十分な配慮のもとに支援を行うことが必要です。保育士は保護者に対して，個別的に支援を行ったり，必要に応じて地域の関係機関と連携しながら支援を行ったりする必要があります。

▷3　⇨ Ⅴ-3 , Ⅴ-4 ,
Ⅴ-6 , Ⅴ-7 参照。

●育児不安や不適切な養育のおそれがある場合の支援

　保護者が育児不安を抱えている場合や不適切な養育が疑われる場合，相談支

援の専門性が必要となります。面談などを通しての的確な情報収集や支援計画の作成，支援の評価などの個別的な支援が求められます。こうした支援は保育者の専門性を中心とした援助活動に加えて，ソーシャルワークやカウンセリングの知識や技術を用いる場合もあります。特に不適切な養育が疑われる場合には，組織全体での支援体制づくりや関係機関との連携を意識して行うことが重要となります。

▷4　⇨ Ⅴ-5 参照。

2　地域の子育て家庭への支援

　地域の子育て家庭に対する支援には，保育所の特性を生かした地域子育て支援と一時保育，地域との連携などがあります。いずれにしても，地域の子育て家庭の孤立化を防止したり，育児負担や育児不安を軽減したりする役割があります。

▷5　⇨ Ⅵ-1 参照。

◯保育所の特性を生かした地域子育て支援

　地域子育て支援においても，保育所の特性や保育士の専門性を生かして行うことがとても大切です。一つ目は，子どもとの適切な関わり方などについて，保護者に具体的に助言したり，行動見本を実践的に提示したりすることなどがあります。二つ目は，親子遊びや食育などに関するさまざまな子育て講座や体験活動など，保育所の特色，地域のニーズなどに合わせた取り組みがあります。三つ目は，園庭開放や絵本の貸し出しといった保育所内の資源を活かした取り組みがあります。

◯一時保育

　一時保育は，保護者の病気や冠婚葬祭，パート就労などで一時的に家庭での保育が困難となる場合や，保護者の育児に伴う心理的・肉体的な負担軽減のため，保育所で子どもを預かるものです。一時保育は，正式には「**一時預かり事業**」として制度化されているもので，保育所のみならず地域子育て支援センターなどでも実施されています。一時保育にあたっては，解説書に示されるように，当該地域の一時保育のニーズを把握し，市区町村と緊密な連携を取りながら実施することが求められます。

▷6　**一時預かり事業**
⇨ Ⅵ-2 ，Ⅶ-2 参照。

◯地域との連携

　地域で子育て家庭を支援するためには，地域内の子育て支援に関わる関係機関や専門職と連携することが必要です。そして，それらの機関や専門職の状況を把握しつつ，地域のニーズに応じた支援を行うことが求められます。さらに地域住民との交流を通して，地域の人々を結びつけながら地域の子育て力の向上に寄与することも重要な役割です。

（鶴　宏史）

（参考文献）
厚生労働省（2018）『保育所保育指針解説』.

保育士が行う子育て支援（保育相談支援）の構造

 保育相談支援とは

　保育相談支援とは，保育士の専門性を生かして行う保護者に対する支援であり，解説書には「保育指導」と記されています。解説書では，保育相談支援（保育指導）を以下のように定義しています。

　　「保護者が支援を求めている子育ての問題や課題に対して，保護者の気持ちを受け止めつつ行われる，子育てに関する相談・助言・行動見本の提示その他の援助業務の総体を指す。子どもの保育に関する専門性を有する保育士が，各家庭において安定した親子関係が築かれ，保護者の養育力の向上につながることを目指して，保育に関する専門的知識・技術を背景としながら行う。」

　よって，保育相談支援では，「子どもや保育に関する知識や技術」といった保育士の専門性を基盤に保護者を支援することになります。

　そして，保育相談支援の目的は，安定した親子関係が築かれ，保護者の養育力の向上につながることであり，子どもの最善の利益を考慮しながら行います。つまり，子どもにとってどうなのかということを考えながら，子どもが安心して幸せに暮らせるように保護者を支援するということになります。保育相談支援は，保護者＝大人を対象に支援することになるため，保育士の専門性を基盤に行いますが，大人に対して支援するための姿勢や技術も必要となります。▷1

 家庭や保護者の状況を理解する姿勢や視点▷2

　保育所を利用する家庭の状況はさまざまです。家族構成が異なることはもちろんですが，利用している家庭のなかには，ひとり親家庭や貧困家庭，介護を有する家族と同居している家庭もあります。その他にも，保護者が病気あるいは障害をもっている場合もありますし，祖父母など近隣に子育てを支援してくれる人がいるかどうかによっても家庭や保護者の子育ての状況は異なってきます。そのため，保育相談支援をする上で，何よりも大切なのは，個々の家庭や保護者の状況を理解しようとする姿勢をもつことです。仕事の疲れや夫婦仲の不和が，子どもとの関わりに影響しているかもしれませんし，理不尽な要求として表れているかもしれません。このような姿は保護者からの SOS であることもあります。家族構成等については，入園や進級時に提出する書類を確認することが大切ですが，仕事や家族内の関係性まではわからないですし，状況に

▷1　Ⅲを参照。

▷2　解説書には，家庭と保育所が互いに理解し合い，その関係性を深めるための方法として以下のことが記されています。
・保育士等が，保護者の置かれている状況を把握し，思いを受け止めること
・保護者が保育所の意図を理解できるように説明すること
・保護者の疑問や要望には対話を通して誠実に対応すること
・保育士等と保護者の間で子どもに関する情報の交換を細やかに行うこと
・子どもへの愛情や成長を喜ぶ気持ちを伝え合うこと

50

応じて変化することでもあります。そのため，保育士は，目に見えない家庭や保護者の状況があることを常に意識することが大切です。そして，保護者は，親としての役割以外にも，夫や妻，嫁や婿，親族の介護者，仕事での立場など，さまざまな役割を果たしながら生活しています。保育者が見ている保護者の姿は，保護者の親としての役割の部分であり一面でしかないことを理解し，その他の面で課題を抱えている可能性があることにも目を向けることが大切です。

３　保育と密接に関連して行われる保育相談支援

○保育相談支援における保護者との関係性

保育相談支援は，保護者と保育士の二者関係のなかで行われるものではなく，保育士・子ども・保護者の三者関係のなかで行われるという特性があります。さらに，保育における子どもや保護者との関わりを通して支援することも特性となります。

また，心理士が行うカウンセリングの場合，面接場面で必要な情報を聞きながら支援を行います。しかし，保育士は，送迎時などの日常の関わりのなかで支援をするため，物理的にも心理的にも近い距離で支援を行います。近い距離だからこそ，保護者にとって気軽に相談できる場所であり，相手であるといえます。保育士は，この点を理解して保育相談支援を行うことが大切です。

○子どもの育ちを共に支える関係性

保育相談支援における保育士と保護者は，支援する人―支援される人という関係ではなく，子どもの成長発達を共に支えるパートナーの関係であるといえます。そのため，保育士は，保護者と子どもに関する情報を共有することを大切にしています。そのうえで，保護者が有している子育ての力を認め，信頼し，さらに向上するよう支援することが保育相談支援になります。[3]

○保育所の資源を活用する

保育所には，さまざまな年齢の子どもがいるので，わが子と同年齢の子どもとの関わりだけではなく，同年齢以外の子どもの様子から，わが子の成長を感じたり，今後の姿をイメージすることができたりと，子ども理解を助ける機会をもつことができます。さらに，子どもの発達に応じた玩具や道具があるため，子どもが使用している姿も見ながら発達に合った玩具などを知ることができます。また，保育所には，看護師や栄養士・調理師など，保育士以外の専門職がいるため，病気やケガなどについては看護師が，食事に関することは栄養士が伝えるなど，それぞれの専門性を生かして支援することもできます。

このように，保育相談支援は，保育と切り離して考えるものではなく，保育における関係性を基盤に行われる支援であり，保育所の資源や特性を生かして支援することからも，保育と密接に関連して行われる支援であるといえます。

（徳永聖子）

▷3　西村真実（2015）「家庭支援の方法としての保育相談支援」橋本真紀・山縣文治編『よくわかる家庭支援論　第2版』ミネルヴァ書房，44-47.

参考文献

柏女霊峰・橋本真紀編（2011）『保育相談支援』ミネルヴァ書房.

保育相談支援の基盤となる保育技術

　　保育相談支援は，保育士の専門性を生かして行う子育て支援ですが，その専門性について，解説書には，「保育所の保育士に求められる主要な知識及び技術」（表Ⅳ-1）として，以下の6つが提示されています。

表Ⅳ-1　保育所の保育士に求められる主要な知識及び技術

① 発達を援助する知識及び技術	これからの社会に求められる資質を踏まえながら，乳幼児の子どもの発達に関する専門的知識を基に子どもの育ちを見通し，一人一人の子どもの発達を援助する知識及び技術
② 生活援助の知識及び技術	子どもの発達過程や意欲を踏まえ，子ども自らが生活していく力を細やかに助ける生活援助の知識及び技術
③ 環境構成の知識及び技術	保育所内外の空間や様々な設備，遊具，素材等の物的環境，自然環境や人的環境を生かし，保育の環境を構成していく知識及び技術
④ 遊びを展開するための知識及び技術	子どもの経験や興味や関心に応じて，さまざまな遊びを豊かに展開していくための知識及び技術
⑤ 関係構築の知識及び技術	子ども同士の関わりや子どもと保護者の関わりなどを見守り，その気持ちに寄り添いながら適宜必要な援助をしていく関係構築の知識及び技術
⑥ 保護者支援に関する知識及び技術	保護者等への相談，助言に関する知識及び技術

　　表Ⅳ-1の「⑥ 保護者支援に関する知識及び技術」は，保育相談支援の知識・技術であるといえます。その技術については次節で説明しますので，本節では①～⑤の技術について解説します。

　○発達を援助する技術

　　保育士は，発達を援助する知識や技術をもとに，生活援助・環境構成・遊びの支援・関係を構築するための支援をしています。そのため，発達を援助する技術は保育士の基盤となる技術といえます。

　　子どもは安心できることで活動意欲を高めていくため，子どもの様子から一人一人の心身の状態を読み取り，個々の気持に寄り添った関わりをするなどの「養護の技術」があります。そのうえで，生活や遊びにおける子どもの姿から今のその子の発達を把握し，それまでの姿やその後の育ちを見通しながら見守ったり，承認したり，時には指示したり一緒に遊ぶなかで手本を見せたり（行動見本）するなど，子どもの「自発的・能動的な行動を支える技術」と「成長・発達を促すために働きかける技術」があります。

　○生活援助の技術

　　子どもの様子から，「その子の生理的欲求を的確に把握し受け止める技術」と「生理的欲求を満たすための技術」があります。また，食事や排泄，手洗い

や休息，衣服の着脱などの生活場面において，子どものニーズを汲み取り，見守ったり，声をかけたり，必要な部分を援助するなど「生活するうえで必要な力を子どもが獲得できるように援助する技術」があります。さらに，子どもが主体的に生活する力を獲得できるよう，年齢に応じて日課に当番活動を入れたり，子どもたちと共に生活のルールを考えたり，決めたことを実践できるように援助するなどの「日課を調整する技術」があります。

○環境構成の技術

環境を通して保育することは保育の基本です。子どもたちは環境との相互作用によって成長発達するため，保育の質に深く関わる技術になります。高山（2014）は，「乳幼児の発達に適した玩具や生活用品を選択し，目の前の子どもの発達段階に応じて体系的に提供を行うことができる技術」「空間を構成する技術」「日課を展開する技術」「自分自身を人的環境として，自らをコントロールし自らを活用する技術」の4つの技術があるとしています。上記には，子どもの発達を見極め，見通しながら環境を構成したり，子どもの生活や遊びの状況に合わせて，子どもとともに環境を再構成したりする技術も含まれます。

○遊びを展開するための技術

「子どもの発達や興味関心に応じた環境を構成する技術」，子どもに寄り添いながら興味関心のあることを推測する，共有体験の機会を設ける，保育者が楽しむ姿を見せる，共に遊びながら支援するなどの「子どもが遊びを見つけられるよう援助する技術」，子どもの自発的な遊びを見守る，支持する，承認するなどの「子どもの自発的な遊びを支える技術」，遊びの中で問いかける，提案する，一緒に考えたり・調べたりするなどの「遊びが継続・発展していくよう援助する技術」があります。また，保育者から遊びを提供する際の，「子どもの発達に応じた活動の設定や伝え方」といった技術もあります。

○関係構築の技術

乳幼児期の保育では，愛着や信頼関係を築くことが基盤になります。子どもの状態や発達過程を読みとる，受容する，寄り添う，共感する，承認する，応答的な触れ合いをする，非言語的なコミュニケーションを活用するといった「子どもとの信頼関係を築くための技術」があります。そのうえで，子どもの思いを聴く（傾聴），子どもの思いを推測し代弁する，仲介するなどの「子どもが周囲の子どもや大人と関係を築いていけるよう援助する技術」があります。さらに，高齢者をはじめ地域の人々と関わる機会を通して，「子どもが状況や相手に応じた関わり方や言葉の使い方を学べるよう援助する技術」もあります。

保育相談支援では，保育の知識や技術を活用しますが，子育てのやり方を教授・指導するなど，保育技術を保護者にそのまま活用するわけではありません。

（徳永聖子）

▷1　高山静子（2014）『環境構成の理論と実践――保育の専門性に基づいて』エイデル研究所，38-39.

参考文献

橋本真紀（2011）「保育相談支援の展開」柏女霊峰・橋本真紀編『保育相談支援』ミネルヴァ書房，48-56.

西村真実（2015）「家庭支援の方法としての保育相談支援」橋本真紀・山縣文治編『よくわかる家庭支援論　第2版』ミネルヴァ書房，44-47.

徳永聖子（2019）「保育士による子育て支援の展開」『最新保育士養成講座　第10巻　子ども家庭支援――家庭支援と子育て支援』全国社会福祉協議会，14-145.

3 保育相談支援の技術

① 保育相談支援の技術

　先述した保育技術の観点から，保護者の子育ての状態を把握したり，働きかけたりするなど，保育士が保育相談支援を行う際には，保育技術に加えて「保育相談支援の技術」を活用しています。「保育相談支援の技術」とは，柏女ら（2009）の研究によって把握された26の技術であり，柏女らは，保護者の状況を把握したり，保護者の気持ちを受け止めたりする受信型の技術と，保育士から保護者に働きかける発信型の技術に分けて整理しています[1]。そして，橋本は，『保育相談支援』（2011）[2]において，26の技術のうち活用頻度の多い15の保育相談支援技術を整理しています（表Ⅳ-2）。ここでは，それを引用し掲載します。

▶1　柏女霊峰ほか（2009）『保育指導技術の体系化に関する研究』こども未来財団.

▶2　橋本真紀（2011）「保育相談支援の展開」柏女霊峰・橋本真紀編『保育相談支援』ミネルヴァ書房，48-56.

表Ⅳ-2　保育相談支援技術類型

	No	技術の名称	技術の解説
受信型	1	観　察	視覚的，聴覚的な情報から子どもや親の行動，状態，経過等の事実を捉える技術。観察は，保育技術の視点から行われる。
	2	情報収集	保護者や子どもの家庭での状態，家族構成等の情報を収集する技術。
	3	状態の読み取り	観察や情報収集により把握された情報を保育士の知識から分析を行い，保護者や子どもの状態を捉える行為。
	4	共感・同様の体感	保護者の心情や状況への理解を共有する技術。また，保護者と同様の体感を共有する状態。
発信型	5	承　認	保護者がすでに行っている子育てにおける行為に着目し，保護者の行為によって生じた子どもの変化を伝える等により，保護者の親としての心情や態度を認める技術。
	6	支　持	承認と同様に保護者がすでに行っている子育てにおける行為を保育技術の視点から把握し，保護者の子どもや子育てへの意欲や態度が継続されるよう働きかける技術。
	7	気持ちの代弁	現象から保護者や子どもの心情を読み取って他者に伝える技術。
	8	伝　達	個別の子どもや他の保護者の状態，時には保育士の心情や状態のありのままを分析を加えずに伝える技術。
	9	解　説	観察等により把握された現象に，保育技術の視点から分析を加えて伝える技術。
	10	情報提供	個別の子どもの心情や状態ではなく，一般的な保育や子育て，子どもに関する情報を伝える技術。
	11	方法の提案	保護者の子育てに活用可能な具体的な方法を提案する技術。
	12	対応の提示	保育士が子どもや保護者に今後どのように対応するのか，保育士側の対応を具体的に伝える技術。
	13	物理的環境の構成	保護者を支援することを目的として，物理的環境を構成する技術。
	14	行動見本の提示	保護者が活用可能な子育ての方法を，主として保育士が実際の行動で提示する技術。
	15	体験の提供	保護者が子育ての方法を獲得するための体験を提供する技術。

2 保育技術と保育相談支援技術の組み合わせ

　　最近，自分で靴を履こうとするようになった2歳児のAちゃん。しかし，お母さんは，迎えにくると子どもの荷物を受け取り，Aちゃんが自分で履こうとする間もなく，靴を履かせて帰ることが多いため，担任保育士は気になっていました。(①) この日は，お迎えにきたお母さんに保育士が挨拶しているところにAちゃんがきたので，チャンスと捉え，玄関に来たAちゃんに，「Aちゃん自分で靴を履けるようになったんだよね。お母さんにも履けるところを見せてあげようか」と声をかけました。保育士はAちゃんの前にしゃがみ，Aちゃんが靴を履くのを見守りました。(②) Aちゃんのお母さんには，「お時間大丈夫ですか？」と確認し，お母さんも「今日は大丈夫です」と答えてくれたので，Aちゃんの様子も見守りながら，「今日は，Aちゃん，Bちゃんと一緒におままごとをしたんですが，エプロンを付けたらすっかりお母さん気分で，お料理を始めて包丁も上手に使っていましたよ。お皿にいろんなものを並べて，Bちゃんと私にどうぞってご馳走してくれたんです」と，今日のAちゃんの様子を伝えました。(③) そして，Aちゃんに「ご飯美味しかったよ。あっ，あともう少しだね。ここをぐっと引っ張ってごらん」と足が動かないように前を支えると，Aちゃんは靴を履くことができました。「すごいね。自分で履けたね」(④) と保育士が言うと，お母さんは「ほんと，自分でできるんですね」「A履けるんだね。すごいね」とAちゃんにも声をかけました。お母さんに褒められたことが嬉しいようで，Aちゃんが「うん。できるよ」と得意気に答えると，お母さんは「家だと待っていられなくてつい私がやってしまうのでダメですね」と言うので，「忙しいですもんね。時間のある時に待ってあげると自分で履けるかもしれませんよ。」(⑤) と答え，ふたりが帰るのを見送りました。

　この事例の下線部が保育技術を活用している部分です。保育士は，Aが自分でやりたいという気持ちをもっていることや，もう少しで靴を履けるようになるという，Aの気持ちや発達を把握し，保護者にみてもらう機会を作っています。そして，Aが自分でやろうとする姿を見守り，声をかけ，Aが自分でできたと思えるように少しだけ援助をしたり，できたことを承認したりしています。このことから，「発達を援助する技術」をもとに，「生活援助の技術」を活用した支援であるといえます。さらに，送迎時の保護者の様子を観察し課題を把握（①），自分でできるようになったことを保護者に見せたいと思っているのではないかとAの気持ちを推測し，代弁することでその機会を作っています（②）。そして，保護者に，その日の子どもの様子を伝達（③）することで，保護者が急かすことなく見守れるような場を設定しています。さらに，子どもに合わせて少しだけ援助するという行動見本の提示（④）を行い，保護者の気持ちに配慮しながら，支持する声かけ（⑤）をしています。この事例は，保護者に子どもや発達の理解を促し，適切な関わりができるように支援することで，親子の関係性が豊かに構築されるよう支援した事例といえます。

　このように，日常の保育場面のなかで，保育士の専門的な保育技術と保育相談支援の技術を組み合わせて展開する支援を保育相談支援といいます。

（徳永聖子）

4 日常における保育相談支援

　保護者が，保育所でわが子のことをよく見ていてくれる，わが子の成長を考えて関わってくれていると知ることは，保護者の安心感につながります。そして，共に子どもの成長発達を支えるうえでは，子どもの情報を共有することが大切です。そのための方法として，送迎時の関わりや連絡帳がありますが，保護者との信頼関係を築いていくうえで最も重要な方法であるといえます。

　❍送迎時の関わり

　保育所を利用している家庭の場合，保育所にほぼ毎日通ってきます。そのため，送迎時は保護者と直接会える場となります。その際，直接会話をするだけではなく，保護者の表情や姿にも目を向け，保護者や子どもの状態を読み取ることが大切です。直接会える場であるからこそ，保護者から相談されることもあれば，保育士が保育所での子どもの様子を伝えたり，保護者から家庭での様子を聞いたりします。しかし，共働きの家庭が多く，保護者にとっては忙しい時間でもあるため短い時間で簡潔に話すことや，時間をとって話したい場合には保護者に時間的な余裕があるかを確認してから話すことが大切になります。

　・朝の送迎時

　朝は，保護者にとっては時間に追われ慌ただしい時間でもあります。しかし，送られてきた子どもをただ預かるだけではなく，前日に体調が悪かった場合には，帰宅後から朝までの子どもの様子を確認したり，保護者以外の方が迎えに来る場合には，誰が何時に来るのか確認したりする必要があります。朝の送迎時は，必要なことを簡潔に聞き取り，伝えることが特に大切になります。

　入園当初などは，子どもが泣いて登園することもあります。子どもに泣かれると，保護者は保育所に預けることが可哀想なことだと感じ，罪悪感をもつこともあります。そのため，保育士は，子どもを抱っこしながら，「お母さんがいいよね。お迎えにきてくれるから，いってらっしゃいしようか」など子どもに優しく話しかけながら，「大丈夫ですよ。いってらっしゃい」と保護者を仕事に送り出す声かけも大切になります。保育士が，泣いている子どもの姿に困惑していると保護者は不安になるため，保育士は笑顔で落ち着いて子どもと関わる姿を見せたり，その後の生活や子どもの姿を見通して伝えたりするなど，保護者が安心して子どもと離れられるよう配慮をします。

　そして，朝は親子ともに家庭から保育所の生活へと切り替える時間でもあります。親子で会話したり，抱きしめたりするなど，できる限り親子が気持ちよ

く離れられるよう見守りますが，泣いて子どもが離れられず，保護者が困っていたり，急いでいる様子を感じたら，子どもの気持ちに配慮しながらもタイミングをみて保育士が預かるなど，親子の間に入ることも必要となります。

・**帰りの送迎時**

朝，子どもが泣いている状態で預けた場合，保護者はその後もずっと泣いているのではないかと心配をしながら1日を過ごしています。そのため，保育所では，楽しく遊んでいる子どもの姿を迎えにきた保護者に見せたり，その後の様子や楽しんでいたことを伝えたりするなど，保護者が安心し，翌日以降も親子が安心して登園できるよう配慮しています。

迎えの時間は，保護者が保育所での子どもの姿を見ることができる限られた時間でもあります。そのため，迎えにきた際には，子どもの姿を見つけ見守れるように配慮したり，反対に，保護者が迎えにきたことに子ども自身が気づくよう，子どもの視界に保護者が入るようにしたり，会話のなかで気づくような声をかけたりします。子どもは保護者が迎えにきて見守っている姿を見つけると，とても嬉しそうな表情をしたり，照れたような表情をしたりします。保育士から保護者が迎えにきたことを一方的に伝えるよりも，このように，子どもと保護者が再会を喜べるような環境を作ることで，親子の関係性の安定を図っていくことも降園時の支援のひとつになります。また，帰りの送迎時であれば，朝よりも時間的なゆとりがとりやすいため，保育士が個別に子どもの様子を伝えるなど時間をとって保護者と話すこともありますし，保護者から相談を受ける場合もあります。しかし，お迎えの時間は保育時間でもあり，他の保護者がいる場合もあるので，話す内容によっては，別の部屋で話すなどの配慮も必要となります。

○**連 絡 帳**

乳児はまだ言葉で伝えることができませんし，保育士は交代で勤務しているため，担当保育士が，降園時に保護者に会えないこともあります。先述のように，子どもが泣いて登園したけれども，降園時に保護者と会えない場合には，連絡帳を活用し，保護者が安心できるよう支援します。連絡帳は保育所の様子を伝えるだけではなく，保護者に家庭での子どもの様子を記してもらう交換ノートでもあります。保護者が記したことに応答する内容を記し，保護者から相談や質問があった場合には，必ず口頭もしくは連絡帳で答えることが大切です。連絡帳には，保護者や家庭の情報が含まれています。そこで得た情報を支援につなげたり，保育士が知りたいことを問いかけたりすることもあります。

連絡帳は子どもの成長の記録となるので，卒園後も大切に保管する保護者が多いです。そのため，丁寧に書くこと，その場にいない保護者が読んでわかるように伝えること，子どものポジティブな面を中心に，子どもの成長発達がわかるように変化を記すことが基本になります。

(徳永聖子)

（参考文献）
西村真実（2015）「家庭支援の方法としての保育相談支援」橋本真紀・山縣文治編『よくわかる家庭支援論 第2版』ミネルヴァ書房，52-53.

行事を活用した保育相談支援

　保育所では，さまざまな行事を行っています。園によって行事の種類や取り組み方は異なりますが，行事を通して保護者が子どもの成長発達に目を向けたり，成長発達を感じたりできるように支援することも保育相談支援になります。ここでは，行事の種類と行事と保育相談支援とのつながりについて解説します。

1　子どもの成長を祝う行事

　入園式や卒園式，進級式，誕生会は，子どもの成長の節目であり子どもの成長を祝う行事です。卒園式等では，育ちの記録を映像で流したり，子どもが他の人に見てほしいことを実演したりして，保護者が子どもの成長を実感できる機会にすることが大切です。誕生会は毎月1回行う園も多いですが，誕生日に掲示をしたり，バッジを付けたりすることで，その子が生まれた日にいろんな人からお祝いしてもらえるよう工夫している園もあります。これは，園全体で子どもを見ていることを保護者が実感し，安心できる取り組みであるといえます。

　また，このような子どもの成長の節目は，保護者が親となった喜びを実感する機会でもあります。そのため，これまでの保護者の子育てに対する頑張りを承認し，親としての成長を感じられるような配慮をすることも大切です。

2　伝統的な文化を伝えたり，体験したりする行事

　日本には，端午の節句や桃の節句，七五三などの子どもの成長を祝う行事や七夕や敬老の日，節分などの季節における伝統的な行事があります。保育のなかで子どもとともに体験するだけではなく，保護者に行事の起源や意味を伝えたり，保育所の行事に参加する機会を作ったりすることは，保護者の子育ての幅を広げることにつながります。さらに，文化の継承も保育では大事な視点です。保育所内で伝承するだけではなく，子どもに関する日本の伝統的な文化を保護者に伝えていくことは，子育て文化の継承にもつながります。

　また，伝統的な行事のなかには，その土地ならではの行事や祭りもあります。保育の中でその地域の行事に参加する機会をもつことは，必然的に保護者の参加を促すことになり，地域に対する関心や地域の方との関わりをもつ機会となります。そのため，地域で暮らすことを支える子育て支援の方法のひとつであるといえます。

3 子どもの成長発達を再確認する機会としての行事

運動会や発表会（お遊戯会）は，子どもの姿から成長を感じてもらうために，保育のなかで取り組んできたことの一部分を披露する場であり，年間のなかでも大きな行事として位置づけている園も多いです。運動会や発表会では，当日の姿に主眼が置かれがちですが，当日はいつもと違う雰囲気に恥ずかしくなったり，緊張したりして，思うような姿を見せられない場合もあります。そのような姿を保護者が受け止め，子どもの頑張りを認められるように，保護者にはそれまでの取り組み過程を伝えておくことが大切です。また，3歳児以上になると，仲間と協力したり，競ったり，力を合わせて取り組んだりすることで，子ども同士が仲間意識をもてる行事でもあります。その過程で保育士は，子どもたちの様々なアイデアや発言に触れたり，子ども同士の意見の衝突による葛藤や，葛藤しながらも解決していく姿を見たりすることができるでしょう。このような姿は保育所だからこそ見られる姿であり，家庭で見ることは難しい姿でもあります。そのような姿を伝えることは，保護者がわが子の新たな姿を知る機会となり，わが子の成長発達を再確認できる支援であるといえます。

4 他の保護者との関係性を高める支援

子どもと保護者は，保育所にずっと通うわけではありません。小学校就学時には卒園し，新たな社会のなかで生きていくことになります。保護者が他の保護者とつながったり，地域に関心をもてるようにするなど，地域とのつながりのなかで困った時には相談したり，助け合いながら子育てができる関係性を作ることも大切な支援です。また，転居をした場合，子どもにとっても保護者にとっても，保育所が初めて地域とつながる場になることもありますが，日々の生活リズムは家庭によって異なるため，他の保護者と出会う機会が少ない・関われない保護者もいます。そのため，懇談会は保護者同士が関われる機会とすることが大切です。保育士が中心に話すのではなく，保護者が話しやすい雰囲気を作り，皆が自分の思いを表現できるように工夫するなど，参加した人の発言を促しながら会を進行していくことが保育士の役割になります。

保護者会は，保護者が主体となって作る組織です。母親の参加が多いですが，男性保育士が中心となり父親（おやじ）の会を立ち上げ，共に活動するなかで徐々にサポート役に回り，お父さんたちの主体的な活動となるように支援するなどの取り組みも見られます。そして，保護者会と連携して，保育のなかで保護者が活躍する場を設けるなど，保護者が保育に参加する機会を促している園もあります。保護者が園の活動に興味をもち，協力してくれることは園の財産になりますし，保護者にとっても，保育所や子どもたちの生活を知る機会であり，保護者同士のつながりを高める機会にもなります。 （徳永聖子）

参考文献
西村真実（2015）「家庭支援の方法としての保育相談支援」橋本真紀・山縣文治編『よくわかる家庭支援論 第2版』ミネルヴァ書房，54-55.

6　環境を活用した保育相談支援

保育士の専門的知識及び技術のひとつである「環境構成」は，保育士固有の専門性といえます。この固有の専門性を活用した支援について解説します。

① 保護者をあたたかく迎える環境

保育所への送迎時は，保護者にとっては仕事と家庭の狭間の時間であり，気持ちを切り替える時間でもあります。保護者は，日中は仕事，帰ってからは食事の準備や子どもの世話など忙しい時間を過ごしており，ストレスを感じている場合もあります。そのため，保護者が保育所に迎えにきた際には，保護者が安らぎを感じ，一息つくことができるような環境を作っている園もあります。保育士があたたかく迎え入れることはもちろんのこと，門から玄関までの道や園庭に季節の移り変わりを感じられるような木々や草花を植える，玄関やお部屋に四季を感じられるような装飾を飾る，スペースがあればくつろげるソファを置いておくなど，保護者がほっとでき，あたたかな雰囲気を感じることができる環境を作っています。こうした環境を用意することで，仕事で疲れた気持ちが癒され，気持ちを落ち着かせることができると，保護者の気持ちが仕事から子どもへと向かい，子どもの話に耳を傾けたり，ゆったりとした気持ちで子どもと関わったりすることができるようになります。よって，親子の関係性の安定につながる支援であるといえます。

② 保護者の子ども理解を促す環境

○その日の活動や子どもの姿に目を向ける環境

玄関や保育室の入り口に今日読んだ絵本を飾ったり，写真や文章で今日の保育の様子を伝える連絡ボードを置いたり，ドキュメンテーション[1]を掲示したりして，迎えにきた保護者がその日の保育や子どもの様子を知ることができるような環境を整えている園もあります。最近では，iPad等を活用しその日の保育の写真をスライドショーで流している園もあります。

3歳児以上であれば，保育所での出来事をある程度言葉で伝えることができるため，連絡帳にその日の様子を詳細に伝える必要はなくなってきますが，自分から園での様子を保護者に話さない子どももいますし，子どもの話だけでは，その場を見ていない保護者にとっては理解することが難しい場合もあります。その日に行ったことや子どもの遊びの姿を保護者に伝えておくことで，子ども

の話をより理解できるようになるため，親子の会話を助けることにつながります。また，連絡ボード，ドキュメンテーションは，個々の子どもの興味関心だけではなく，子どもが集団のなかで興味をもち取り組んでいること，子ども同士の関わりや関係性，遊びの展開過程を伝えられるため，保育所での様子をより具体的に知ることができるツールになります。しかし，送迎時の短い時間のなかで見るため，イラストや写真にコメントをつけるなど視覚的効果を活用しわかりやすい内容にすることや，保護者が掲示をみることを楽しみにするような内容を考えることが大切です。コメントには，子どもの様子だけではなく，子どもが感じていることや考えているであろうこと，保育士の思いなどを書くと，保護者の子ども理解や発達の理解を促すことにもつながります。

◯育児モデルとなる保育室の環境や保育士の関わり

保育所は，子どもが生活しやすいように水道やトイレも子どものサイズに合わせて作られ，発達に応じた机や椅子，食器，用具や玩具が各年齢に応じて揃えられています。そのため，保育所で生活する姿や遊んでいる姿が，家庭での子育てにも役立つことがあります。たとえば，お尻の位置を高くした方が足を上げやすくなり，自分でズボンに足を通しやすいため，乳児部屋の着替えの場所やトイレの前に子どもが座ることができる椅子などを置いている園もあります。保護者が迎えにきた際，その椅子に子どもが座り自分でズボンを履こうとしている姿を見たり，その子どもの前に保育士が座って子どもの動作に合わせて声をかけている姿を見ることで，座る位置を高くした方がズボンを履きやすいことに気付いたり，声をかけるタイミングや声のかけ方を参考にするかもしれません。また，着替えについて相談を受けていた場合には，保育者から「こうやって少し段差があると足を上げやすくてズボンを履きやすいですよ。Aくんもいつも自分で履こうと頑張っていますよ」などと声をかけるかもしれません。このように，保育として行っている子どもに対する援助や配慮（環境的な配慮含む）を，保護者がマネできるように解説したり，行動見本を示したりすることが保育相談支援になります。▷2

また，保育室にある玩具や素材，道具，絵本は，その年齢の子どもの発達や興味関心，季節に合わせたものを用意しています。絵本や玩具は数多くの種類があり，わが子に合う絵本や玩具を選ぶことに迷う保護者もいます。保育所でわが子が楽しそうに遊んでいる玩具や，わが子より少し大きい子どもが遊んでいる玩具を知ることが，玩具を選ぶ際の参考になることもあります。保育所で子どもが楽しんでいることを親子が家庭で楽しめるように，絵本や玩具の貸し出しを行っている園もあります。また，簡単に作れる玩具の作り方や家庭でできる親子遊び，発達や季節に応じた絵本などを掲示やおたよりで伝えることは，保護者に子どもの発達の理解を促すだけではなく，親子の関わりを促すことにもなります。▷3

(徳永聖子)

▷2　保育士が援助の仕方を一方的に伝えたり，指導したりすることとは違いますので，注意する必要がある。

▷3　子どもと大人の視線は異なるので，掲示をする際には高さ等に配慮する必要がある。

（参考文献）
　高山静子（2011）「環境を通した保育相談支援」柏女霊峰・橋本真紀編『新プリマーズ／保育　保育相談支援』ミネルヴァ書房.

保育相談支援という視点からの保育業務の再検討

保育相談支援の経緯

　2001年に児童福祉法が改正され，第18条の4に「この法律で，保育士とは，第18条の18第1項の登録を受け，保育士の名称を用いて，専門的知識及び技術をもって，児童の保育及び児童の保護者に対する保育に関する指導を行うことを業とする者をいう」と規定されたことで，子どもの保育だけではなく，保護者に対する保育に関する指導，いわゆる保護者支援も保育士の業務となりました。この児童福祉法の改正を受けて，2008年に改訂された保育指針第6章に独立した章として「保護者支援」が設けられ，解説書には，「児童の保護者に対する保育に関する指導（保育指導）」の定義が示されました。この保育士の専門性を生かして行う子育て支援である「保育指導」について学ぶ科目として，2010年に保育士養成課程が改正され「保育相談支援」という科目が設けられました。「保育相談支援」という名称は，保護者支援においても，ソーシャルワーク（相談援助）やカウンセリングとは異なる保育士固有の専門性があることを明確にすることを意図して名づけられました。

2　保育と連動する保育相談支援

　保育指針第4章1（1）イ「保育及び子育て支援に関する知識や技術など，保育士等の専門性や，子どもが常に存在する環境など，保育所の特性を生かし，保護者が子どもの成長に気付き子育ての喜びを感じられるように務めること」と記されています。保育士は，保護者が子どもの成長に喜びを感じられるように，送迎時の短い時間や連絡帳などで，保育中の子どもの姿や成長を保護者に伝えたり，保護者が子どもの成長に気づくような働きかけをしたりしています。この時の保育士の働きには，子どものため，保護者のためという二つの目的があります。しかし，保育士は，それらの働きを子どもの保育のために行っていると理解していることも多くあります。特に2008年改正の解説書において保育相談支援が詳述されるまでは，送迎時，連絡帳，行事等における保護者への働きかけは，保育所で子どもがどのように過ごしているかを，保護者に伝えることを意図して行われていました。けれども，実際にはそれらの働きかけは，保護者の子どもの理解や子どもへの関わりの変化を支えるなど，保育相談支援としても機能していました。つまり保育士は，保育の延長上で意図せず保育相談

▷1　子どもや保育に関する知識や技術を基盤としながら行う子育て支援ともいえる。

▷2　現在は，科目が再編され「保育相談支援」という名称の科目はないが，「子ども家庭支援論」（講義）や「子育て支援」（演習）の科目のなかで学ぶことになる。

▷3　⇨ Ⅳ-4 参照。

▷4　⇨ Ⅰ-2 参照。

支援に取り組んできたといえるでしょう。今なお，保育士が保育として行っている働きが，意図せず保育相談支援として機能していることもあります。保育相談支援の実践においては，新たな専門性を獲得したり，新たなことに取り組んだりすることよりも，これまで「保育」として取り組んできたことを，保育相談支援の視点で捉え直し，さらに，実践を可視化することで意図的に実践できるようにしていくことが求められています。

③ 保育行事と保育相談支援

　保育の延長上で取り組まれる保育相談支援の具体的な場面の一つとして，保育行事があります。保育指針第4章2（1）イには，「保育の活動に対する保護者の積極的な参加は，保護者の子育てを自ら実践する力の向上に寄与することから，これを促すこと」と記されています。日常の保育と同様に，これまで各園で取り組んできた行事を保育相談支援の視点で捉え直すことが必要です。例えば，運動会は，保護者が子どもの成長を確認したり，成長を喜んだりする機会になります。また，保護者同士の関係性を高めることにもつながります。行事を保育のなかだけで完結させるのではなく，保護者をも主体とした行事のあり方を検討することが求められています。

▶5　⇨ IV-5 参照。

④ 保育相談支援における保育所内の組織体制の必要性

　保育と保育相談支援が連動して機能するということには，一人の保育士の働きだけでなく，保育所の組織全体で保育と保育相談支援を連動させて働くことも含まれます。保育指針第4章1（2）アには，「保護者に対する子育て支援における地域の関係機関等との連携及び協働を図り，保育所全体の体制構築に努めること」と記されています。家庭の状況により，担任保育士だけで対応することが難しい事例もあります。そのような事例では，担任保育士は，保育のなかで子どもの生活や成長発達を支え，主任保育士が保護者の子育てを支える役割を担うこともあります。他機関につなぐ必要がある事例では，園長等が他の機関に協力を仰ぐなど外部機関との連携窓口を担います。このように保育所のなかで役割を分担し，組織として保育と保育相談支援を連動させて親子を支えることもあります。担任保育士が一人でできることには限りがあり，一人ですべてこなせることが専門性ではありません。専門職としては，自分の限界を知り，自分では担えない部分は他の人や機関と協力し，連携しながら取り組むことが求められます。困った時や迷った時には，まずは園長等に相談し，保育所として組織的に対応していくことが，適切に子どもや保護者を守り，その関係や育ちを支えることにつながります。保育と同様に保育相談支援も複数の保育士が関わることで，多角的な視点で捉えることができ，自分だけでは気づかなかった保護者や子どもの思いや状況に気づくことができます。　　　　（徳永聖子）

保育相談支援の実際

保育相談支援は，送迎時の関わりや連絡帳でのやりとりなど一場面の支援で完結することもありますが，保育所は日々子どもが通ってくる場であることから連続して支援が行われることもあります。ここでは，連続した保育相談支援の実際について事例を通して解説したいと思います。下記は１歳児の事例です。

 連絡帳からの支援の必要性の気付き

家庭から	保育士から
今日は帰るのが遅くなったので慌ててご飯を作り，食べさせましたが（①），椅子に座るのを嫌がり，ぐずったので仕方なく椅子から降ろすと１口食べては，玩具の方に行って遊び，また戻ってきての繰り返しでした…（②）。お風呂の後，なかなか寝ないので，私たちが食事を始めると，私たちが食べている物を欲しがり，お父さんに食べさせてもらってご機嫌と思ったら，横で寝てしまいました（③）保育園では座って食べられているのでしょうか（④）。	お仕事お忙しそうですが，大丈夫ですか（⑤）。Ｃくん，大好きなお父さんやお母さんと一緒に食べたかったのかな。お腹が満たされて気持ちよく眠ることができてよかったですね（⑥）。 今日は牛乳パックの積み木を何やらせっせと運んでいました。その姿を見ていたＡちゃんが真似をして，ふたりで楽しそうに運んだり，積み木の上に座ったりして遊んでいました。歩けるようになって，いろんなことが気になって仕方ないという感じですね（⑦）。保育所では，お友だちと一緒だからか，座って食べているので大丈夫ですよ（⑧）。

乳児クラスで保育士と保護者が日々やりとりをしている連絡帳ですが，時には，保護者が家庭で困っていることや気にしている子どもの姿が記されていることがあります。この事例では，保育士は，①の内容から保護者の状況を推測し，⑤保護者の状況を気遣う一言を添えています。②と③の内容から，Ｃの保護者はＣに食べさせることを優先しており，Ｃが保護者とは別に食事をしていることを読み取っています。そのうえで，保育士は，座って食べないことを責めたり，座って食べさせることが大切などと指導的なことを伝えたりはせず，保護者の気持ちに寄り添い，⑥Ｃの気持ちを推測して伝えるとともに，Ｃが満足できたことに焦点を当てた返答をしています。そして，⑦保育所での子どもの姿を伝え，最後に④保護者が心配していることに対する⑧返答をしています。

送迎時の関わりによる支援

この日，担任保育士は遅番だったため，迎えにきた保護者と直接話をすることができました。そこで，この時期に多い悩みであることを伝えるとともに（⑨），保護者に「時間のある時に，保育所での食事の姿を見に来てみますか。」と保育参加に誘っています（⑩）。⑨は，保護者が気にし過ぎないよう配慮し，子どもの発達の過程でよく見られる姿であることを伝えています。そして，⑩

では，実際に保育所での生活を見る機会（体験の機会の提供）を提案しています。

 3 保育参加における支援

> 後日，Cくんのお母さんが時間を作って保育参加に来てくれました。Cくんはお母さんが来てくれたことが嬉しくて，側を離れず，他の子どもがお母さんに抱かれるとやきもちを焼いていました。いつもは椅子に座って食べているCくんですが，食事の時間もお母さんから離れず，お母さんが椅子に座らせようとしても嫌がっていました。⑪ 保育士は，「お母さんがいるから一緒に食べたいよね。今日は抱っこしてもらって一緒に食べようか。」⑫ と声をかけて，椅子を2つ用意し，お母さんの食事も隣に用意しました。⑬ お母さんに食べさせてもらいCも落ち着いてきたので，「Cくんの好きなお汁があるよ。座って飲めるかな」と声をかけました。お母さんが，隣の椅子に座らせるとCは器を自分で持ち汁を飲み始め，その後は，手づかみやスプーンを使い自分で食べ始めました。⑭ 保育士は，Cに「お母さんと一緒に食べると嬉しいね。」⑮ と声を掛け，お母さんには「この時期は，自分で食べることを保育所では大事にしているんですよ。どの子も片手にスプーンを持っていますが，手づかみで食べることの方が多いので，手づかみで食べられるものは，調理師の方が子どもが持ちやすい大きさにしてくれています。」⑯ と伝えました。

　この事例では，食事の場面だけではなく，1日の姿を通してみてもらうことができています。そのなかで，⑪親子の姿を観察し，⑫親子の関係性が良くなるように子どもの気持ちを代弁しています。さらに，Cが自分で座れる状態になった時のことを考えてCの椅子も用意しており，⑬は先を見通した支援であるといえます。⑭親子の状態を観察し，タイミングをみてCが椅子に座るきっかけとなる声かけをすることで，保護者がCの普段の食事の様子を観察できるようにしています。さらに，Cが家庭で保護者とは別に食事をしていることも座って食べない要因ではないかと考えた保育士は，⑮子どもの気持ちを代弁して保護者に伝えています。⑯では，発達に合わせて保育所で大事にしていることを伝え，手づかみが発達過程で見られる姿であることと，発達に合わせた保育所での対応方法を伝えています。

　このように「連絡帳による支援の気づきから，降園時の関わり及び保育参加を通した支援へ」と，保育所では保育とともに日常的・継続的に保育相談支援を実践しています。本事例⑨のように，その時期に多い悩みであれば，懇談会で他の家庭での様子や対応を聞いたり，おたよりで問いかけてその回答を載せたりするなどの支援も考えられます。保育相談支援は，多様な方法を活用して実践することで，より効果的に支援することができます。　　　　　　（徳永聖子）

1　特別な配慮を必要とする家庭とは

◆1　ステップファミリー
（stepfamily）
血縁関係のない親子関係
（継親子関係）を含む家族
のこと。母親あるいは父親
に，以前の配偶者との間に
できた子どもがいる場合や，
母親・父親の両方に連れ子
がいる場合などがある。
（野沢慎司・茨木尚子・早
野俊明・SAJ編著（2006）
『Q&A ステップファミリ
ーの基礎知識——子連れ再
婚家族と支援者のために』
明石書店，18.）

◆2　食物アレルギー
乳幼児の食物アレルギーの
原因食は鶏卵，乳製品，小
麦，大豆，ナッツ類，そば
等が多い。

◆3　アナフィラキシーシ
ョック
アレルギー反応による複数
の症状が急激に出現するア
ナフィラキシーのうち，血
圧が下がり意識が低下する
ような場合のことであり，
対応が遅れると命にかかわ
ることがある。

◆4　気分障害にはうつ病
や双極性障害（躁うつ病）
などがある。不安障害には
PTSD（心的外傷後ストレ
ス障害）やパニック障害な
どがある。統合失調症は幻
覚や妄想などの症状を伴う
精神疾患である。

◆5　厚生労働省（2013）
「子ども虐待対応の手引き
（平成25年8月改定版）」，
257-258.

1　特別な配慮を必要とする子育て家庭とは

　保育所は，保育を必要とする家庭が利用する児童福祉施設です。保育を必要とする事由は，保護者の就労だけでなく，保護者の心身の障害や疾病，虐待やDVがある場合や，子どもに発達上の課題がある場合など，さまざまです。さらに，保育所には，経済的困難を抱える家庭や外国にルーツをもつ家庭，ひとり親家庭，**ステップファミリー**◆1など，特別な配慮を必要とする家庭の子どもも在籍しています。これらの子育て家庭には，日常の保育と一体となった子育て支援（保育相談支援）に加えて，各家庭の実情に応じた個別的な支援が求められます。

2　子どもが特別な配慮を必要とする家庭

　子どもが特別な配慮を必要とする場合の例として，ここでは，慢性疾患をもつ子どもや多胎児について取り上げ，障害のある子どもについては Ⅴ-4 で詳述します。

○慢性疾患をもつ子ども

　乳幼児の有病率が高い慢性疾患として，アレルギー疾患があります。アレルギー疾患では多くの場合，乳幼児期に気管支喘息，アトピー性皮膚炎，食物アレルギー等の症状を発症します。これらは年齢とともに症状が軽減されますが，形を変えて別の症状が現れる点に特徴があり，これをアレルギーマーチと呼びます。たとえば，食物アレルギーが良くなった頃，次にアトピー性皮膚炎や喘息を発症するといったものであり，年齢とともに症状が変化しながらアレルギー疾患が続きます。特に，**食物アレルギー**◆2をもつ子どもの場合，命の危険を伴う**アナフィラキシーショック**◆3のリスクもあり，日々の食事管理の負担が大きくなります。

○多胎児

　双子や三つ子等の多胎児の子育ては，体力的にも精神的にも，また経済的にも負担が大きく，特有の大変さがあります。多胎児の半数は妊娠満37週未満の早産となっており，平均体重は低出生体重児に該当する2.25kgです。低体重で生まれた子どもは入院による親子の分離を経験することに加えて，病気や発達上のリスクが高まります。そのために，退院後の生活にさまざまな不安や負担

が生じやすくなります。

❸ 保護者が特別な配慮を必要とする家庭

近年では特に精神疾患を理由とした保育所利用が増加しています。精神疾患のある保護者は社会生活や対人関係に困難を抱えやすく，周囲のサポートを得られにくいために孤立しがちです。専門機関の利用や通院の継続にも難しさが伴うため，関係機関との連携による支援が不可欠です。特に気分障害，不安障害，統合失調症等は子ども虐待のリスクが高いことが指摘されています。

❹ 親子双方に特別な配慮を必要とする家庭

◯児童虐待

児童虐待とは，「児童虐待の防止等に関する法律（以下，児童虐待防止法）」において表V-1に示す4つの類型が示されています。虐待には保護者と子の双方に適切なケアが必要となり，子どもの命に関わるために慎重な対応が求められます（V-5参照）。

◯ DV（ドメスティック・バイオレンス）

DV とは Domestic Violence の略称であり，夫婦や恋人等，親密な間柄における女性に対する暴力です。相談件数は年々増加しており，平成30年度には約11.4万件にのぼっています。DV は相手を支配することを目的として，身体的暴力，精神的暴力，性的暴力，行動の制限や監視等，さまざまな形態の暴力が長期間にわたって行われます。DV 被害者は深刻な怪我を負っても加害者のもとを離れず，一時的に離れても再び加害者のもとに戻りやすいという傾向があります。DV のある家庭では，高い割合で子どもへの身体的虐待が生じています。また，子どもへの直接的な暴力がなくとも，子どもの面前での DV は心理的虐待に該当します。

❺ 社会・経済的課題を抱える家庭

日本の子どもの貧困率は国際比較においても高く，ひとり親世帯の貧困率は OECD 諸国のなかでもっとも高い水準です。また，生活意識においては子育て世帯の62%が経済的に苦しいと感じており，子育て世帯の経済的困難がうかがえます。経済的困難には子育てだけでなく，就業支援や各種福祉サービスの提供等，生活全般への総合的な支援が必要となります。また，外国にルーツをもつ子育て家庭にも生活上の課題が生じやすく，さまざまな配慮を必要とします。この点については，V-7において詳述します。

(亀﨑美沙子)

表V-1 児童虐待の4つの類型

身体的虐待	児童の心身に外傷が生じ，又は生じるおそれのある暴行を加えること
性的虐待	児童にわいせつな行為をすること又は児童をしてわいせつな行為をさせること
ネグレクト	児童の心身の正常な発達を妨げるような著しい減食又は長時間の放置，保護者以外の同居人による身体的虐待，性的虐待，心理的虐待と同様の行為の放置その他の保護者としての監護を著しく怠ること
心理的虐待	児童に対する著しい暴言又は著しく拒絶的な対応，児童が同居する家庭における配偶者に対する暴力その他の児童に著しい心理的外傷を与える言動を行うこと

出所：児童虐待防止法第2条より作成。

▷6 DV に類似する言葉として，法律名に用いられている「配偶者からの暴力」がある。DV が男性から女性に向けられる暴力であるのに対して，「配偶者からの暴力」は夫から妻，妻から夫という両方を含んでいる。本章では，被害者のほとんどが女性であることから，より広く知られている DV という用語を用い，これを夫から妻への暴力と捉えておく。

▷7 内閣府男女共同参画局「配偶者からの暴力に関するデータ」令和元年9月25日.

▷8 阿部彩（2014）『子どもの貧困Ⅱ——解決策を考える』岩波新書，9-11.

▷9 厚生労働省（2019）「平成30年 国民生活基礎調査の概況」，12.

（参考文献）
厚生労働省（2019）「保育所におけるアレルギー対策ガイドライン（2019年改訂版）」.

2 特別な配慮を必要とする家庭への支援体制

▷1　障害者総合支援法
正式名称は「障害者の日常生活及び社会生活を総合的に支援するための法律」であり，以前は障害者自立支援法と呼ばれていた。

▷2　特別児童扶養手当
精神または身体に重度の障害を有する在宅の20歳未満の者を対象に支給。2020年度の支給月額は1級が5万2500円，2級が3万4970円となっている。

▷3　障害児福祉手当
精神または身体に重度の障害を有し，常時介護を必要とする在宅の20歳未満の者を対象に支給。2020年度の支給月額1万4880円となっている。

▷4　統合保育
障害児と健常児の保育の場を分離して行う分離保育に対して，障害児と健常児を保育所等においてともに保育すること。近年では，インクルーシヴ保育とも表現されることが多い。保育所のほか，幼稚園，認定こども園等で行われている。

▷5　保育所等訪問支援
障害児支援に関する知識や経験をもつ訪問支援員が，保育所等の集団生活の場に出向いて子どもへの専門的指導を行うもの。

▷6　子どもの分離保護が必要な場合には，一時保護や乳児院，児童養護施設等への入所措置がとられるとともに，子どもの家庭復帰に向けた家族への支援が行われる。

1　障害児に対する支援体制

　子どもの発達支援には，乳幼児健康診査や障害児相談支援などの取り組みがあり，障害のある子どもには児童福祉法をはじめ障害者基本法，発達障害者支援法，**障害者総合支援法**等に基づきさまざまな支援が行われます。

　経済的支援として，**特別児童扶養手当**や**障害児福祉手当**があります。また，日常生活への支援として児童発達支援センター等における療育や病院等における治療・訓練のほか，保育所における**統合保育**が行われます。統合保育においては，近年増加する発達障害児への支援として，**保育所等訪問支援**や各自治体による巡回相談等があります。

2　児童虐待・DV等への支援体制

○児童虐待への支援体制

　児童虐待の早期発見のための取り組みとして，1歳6か月健診や3歳児健診が重要な早期発見の場として位置づけられています。また，児童虐待への対応は，市町村や都道府県の設置する福祉事務所，児童相談所等が行います。原則的には市町村が中心となって対応にあたり，重度や緊急性が高いケースは児童相談所が担当します（図V-1）。

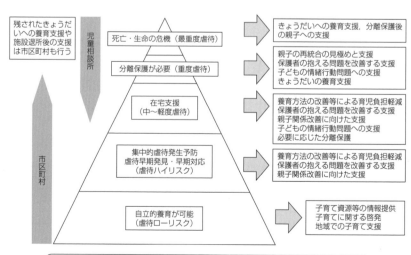

図V-1　虐待の重症度等と対応内容及び児童相談所と市町村の役割

出所：厚生労働省「子ども虐待対応の手引き（平成25年8月改正版）」12.

❏ DV 等への支援体制

DV への支援は配偶者からの暴力の防止及び被害者の保護等に関する法律（通称，DV 防止法）に基づき，配偶者暴力相談支援センターが中心となって相談支援，情報提供，一時保護，自立支援等が行われます。自立支援には就労支援や母子生活支援施設への入所があり，母子生活支援施設入所者の約半数はDV による入所となっています[7]。

DV への対応には，被害者である母親と子ども双方の安全確保が必要ですが，対応を誤ると暴力が激しくなる可能性があり，慎重な対応が必要です。保育所等においては，日頃の保育における在園確認の問い合わせや個人情報の取り扱い，送迎時の子どもの引き渡し等に留意が必要です。

③ ひとり親家庭に対する支援体制

ひとり親家庭に対する支援は，母子及び寡婦福祉法によって定められており，20歳未満の子どものいるひとり親家庭を対象としています。子育てや生活全般への支援として，母子自立支援員による相談支援，居宅にて家事援助や保育を行う母子家庭等日常生活支援事業，子どもの相談支援を行う児童訪問援助事業，ひとり親家庭情報交換事業等，さまざまな取り組みが行われています。また，養育支援として夜間養育を行うトワイライトステイ事業，一時的に児童養護施設等にて子どもを預かるショートステイ事業，母子世帯で入所させ生活指導を行う母子生活支援施設等もあります。

一方，経済的支援には児童扶養手当法による**児童扶養手当**[8]があり，児童1人の場合には月額4万円程度が支給されるほか，医療費の助成，所得税や地方税の控除等があります[9]。加えて，就業のための経済的支援として，就職に有利な資格取得のための高等職業訓練促進給付金や，就学・事業開始のための母子寡婦福祉資金の貸付制度等があります[10]。

④ 外国にルーツをもつ子育て家庭への支援体制

外国にルーツをもつ子育て家庭に対する妊娠・出産への支援には，厚生労働省による13言語に対応したリーフレット（すこやかな妊娠と出産のために）や，自治体による外国語版母子健康手帳等があります。また，生活支援として自治体による通訳ボランティアや医療通訳の派遣制度，多言語に対応した生活ガイドや防災マニュアルの作成が行われています。さらに，日本語学習の支援として，国際交流協会やボランティア団体等による無料または低額の日本語教室や，子どものための**JSL カリキュラム**[11]による日本語教育，自治体独自の日本語指導教室等の取り組みが行われています。 (亀﨑美沙子)

[7] **母子生活支援施設の入所理由**
⇨ Ⅷ-5 参照。

[8] **児童扶養手当**
2021年度の支給額は，児童1人の場合に4万3160円，2人目には1万190円，3人目以降は1人あたり6110円の加算となっている（いずれも全額支給の場合）。なお，児童扶養手当はこれまで母子世帯のみの支給とされてきたが，2010年8月から父子世帯にも支給されることとなった。

[9] このほか，2020年9月には新型コロナウイルス感染症の影響に対する経済的支援として，「ひとり親世帯臨時特別給付金給付事業」が創設された。基本給付額は1世帯当たり5万円，第2子以降，1人につき3万円，追加給付（新型コロナウイルス感染症の影響により収入が大きく減少した世帯を対象）として5万円を1回に限り支給することとされている。

[10] 1年以上の養成期間を要する資格であり，看護師，保育士，介護福祉士，理学療法士，歯科衛生士などがある。

[11] **JSL カリキュラム**
Japanese as a Second Language の略称である。日本語を母語としない子どもを対象として，学習活動に必要な日本語で学ぶ力を育成することを目的とした文部科学省による教育プログラムである。

特別な配慮を必要とする子育て家庭への支援方法

 特別な配慮を必要とする子育て家庭への個別的支援の必要性

　障害のある子どもを育てる家庭やひとり親家庭，虐待が生じている家庭，外国にルーツをもつ家庭など，特別な配慮を必要とする子育て家庭への支援においては，各家庭の実情に応じた個別的支援が求められます。また，保育所における子育て支援は，保育の専門性を基盤として，日常の保育と一体的に展開する点にその特徴がありますが，特別な配慮を必要とする家庭に対する支援においては，保育の専門性のみでは対応が困難な場合が少なくありません。そのため，保育と一体となった子育て支援（保育相談支援）に加えて，ソーシャルワーク機能を理解しつつ，適切な関係機関との連携のもとで，個別的支援を行うことが求められます。

 支援ニーズの理解

　個別的支援を行うためには，まず，子どもや家族がどのような支援ニーズを有しているのかを把握することが不可欠です。保育が子ども理解に基づいて行われるように，子ども家庭支援も，子どもや家族，家庭状況に対する理解からはじまります。的確に問題を理解することができれば，ニーズに即した効果的な支援を行うことが可能となります。しかし，理解を誤れば，効果的な支援につながらないばかりか，逆効果になることすらあるのです。

　保護者から「外遊びをさせないでほしい」という要望を受けた場合を例に，考えてみましょう。この要望の背景として，どのようなことが考えられるでしょうか。子どもに心臓病や日光アレルギー，アトピー性皮膚炎などの慢性疾患があり，子どもの健康に対する懸念があるかもしれませんし，虫刺されや日焼けを気にしているのかもしれません。あるいは，洗濯物の量が増えるので，外遊びで衣服を汚してほしくないとの思いがあるかもしれません。このように，要望の背景にある保護者のニーズによって，対応の方向性は大きく変わります。

　上記では，保護者からの要望について取り上げましたが，特別な配慮を必要とする子育て家庭の抱える課題は，表面的には見えにくいことも多いものです。また，保護者自身が課題に気づいていないことも少なくありません。そのため，日々の保育における送迎時の親子の様子，保護者との対話，連絡帳の記載内容など，さまざまな場面や機会を捉え，子どもや保護者の理解に努めることが大

切です。"何か気になる"といった違和感をもったときには，なぜ気になるのか，どのような事柄が気になるのか，以前と何が違うのか，といった疑問を明確化しながら，必要な情報を収集します。

3 園全体の支援体制の構築

特別な配慮を必要とする子育て家庭への支援にあたっては，園内での共通理解と役割分担を行いながら，園全体の支援体制を構築します。必要に応じて，園内で検討会議を開催し，情報を集約するとともに，支援の方法や役割の範囲，関係機関との連携体制について検討を行います。

とりわけ，対応のむずかしい保護者に対する個別的支援においては，日々，直接的に子どもや保護者と関わる担任保育士の負担が大きくなります。そのため，担任保育士が問題を抱え込むことのないよう，園全体でバックアップ体制を構築することが不可欠です。また，状況に応じて，保護者と子どもの担当を分担するなど，園全体で柔軟に役割分担を行うことが大切です。

4 社会資源の把握と関係機関との連携

保育所の機能や保育士等の専門性に限界があると判断される場合には，他の専門機関との連携が不可欠となります。その際，保育士は保育の専門性を基盤としつつも，場合によってはカウンセリングやソーシャルワークの知識・技術を援用することが有効となる場合もあります。そのような場合にも，保育士はカウンセリングやソーシャルワークを中心的に担う専門職ではないという点に留意が必要です。園内で問題を抱え込むことのないよう，その機関の専門的な観点から助言を得るなど適切に関係機関との連携を図りましょう。[1]

そのためには，地域の関係機関を把握し，どのような役割や機能を有するのか，どのような場合に利用可能であるのかを，十分に理解しておくことが必要です。

5 個別的支援における保育士の役割

個別的支援においては，保育士が子どもの保育に関する専門性を十分に発揮し，日々の子どもの育ちをしっかりと支えていくことが重要です。とりわけ，子育てに様々な課題を抱える保護者は，問題を指摘されたり，指導を受けたりする機会が少なくありません。日々の保育を通して継続的に子育て家庭にかかわる保育士には，子どもや保護者の小さな変化にも気付きやすい立場にあります。保育士がそうした小さな変化を捉え，保護者なりの努力や意欲を認め，もっている力を引き出していくことも大切です。

（亀﨑美沙子）

▷1　他の専門機関もしくは専門職から助言・指導を受けることを「コンサルテーション」と呼ぶ。

参考文献
金子恵美（2008）『保育所における家庭支援——新保育所保育指針の理論と実践』全国社会福祉協議会.
金子恵美（2015）「保育所における特別な対応を要する家庭への支援の実際」『〔改訂2版〕新保育士養成講座第10巻　家庭支援論——家庭支援と保育相談支援』全国社会福祉協議会.
亀﨑美沙子（2018）『保育の専門性を生かした子育て支援——「子どもの最善の利益」をめざして』わかば社.
矢萩恭子編著（2018）『保育士等キャリアアップ研修テキスト⑥保護者支援／子育て支援』中央法規.
山縣文治・柏女霊峰編（2012）『社会福祉用語辞典第8版』ミネルヴァ書房.

障害のある子どもとその保護者への支援

▷1　近年，診断はなされていないが，発達障害の傾向が見られる子どもも多く見られている。

▷2　「全国保育協議会 会員の実態調査報告書2016」によれば，障害児保育の実施率は76.6%，1園あたりの障害児数は2.6人となっている。(全国保育協議会(2017)「会員の実態調査報告書2016」全国社会福祉協議会，87-89.)

▷3　障害のある子どもとその保護者への支援は幼稚園，認定こども園においても取り組まれている。

1　障害児とは

　障害児とは，知的障害，身体障害，精神障害，発達障害等のある子どもであり，その程度も軽度から重度までさまざまです。本節では保育所等を利用する障害児を中心に考えていきます。

2　障害への気づき

　保育所においては，保護者よりも先に，保育士が子どもの障害に気づくことが少なくありません。子どもの状態像を明らかにし，必要な医療や療育につなげるためには，まず保護者に理解してもらうことが必要です。しかし，保育士が障害の可能性を伝えることで，保護者との関係が悪化することがあります。

　保護者は必ずしも保育士のような発達の知識を持ち合わせているわけではありませんし，発達の著しい乳幼児期にあっては，遅れと個人差の区別もつきにくいものです。さらに，保育士は子ども集団の中で相対的に子どもの状態を理解するのに対して，保護者は家庭でのわが子だけを見ていることがほとんどです。集団生活を行う保育所と家庭では，子どもを取り巻く人間関係も，求められる生活内容も異なります。そのために，保育士と保護者，それぞれが捉えている子どもの姿に相違があることも少なくないのです。

　保育士が子どもの障害に気づいたとき，保護者が子どもをどのように捉えているのかを把握し，園での子どもの様子を見てもらいながら，保育士が気になっている事柄を丁寧に伝えていくことが大切です。また，子どもの将来のために少しでも早く診断に結びつけたいと考えるのは，保育士としてごく自然なことでしょう。しかし，保護者に無理に障害を認めさせようとすると，必要な援助から子どもを遠ざけてしまうこともあります。大切なのは，保護者と共にその子の抱える生きづらさを理解し，よりよい生活環境を整えていくことです。診断名はその手がかりのひとつであり，より適切な支援を得るための医学的情報として捉えておきましょう。

3　障害の受容過程に寄り添い，支えること

　保護者自身が障害の可能性を理解できたとしても，現実に診断名がつくことは保護者にとって受け容れがたく，辛いことです。障害を受け容れる過程には

ショックや悲嘆，悲観，自己否定，自責感などが伴い，保護者は大きな混乱の
なかに置かれます。障害を否定してくれる医師を求めてドクターショッピング
をしたり，一度障害を受け容れても他児と変わらぬ姿を見て再び障害を否定し
たりと，保護者は否定と肯定の間で揺れ動きます。子育ての最も身近なパート
ナーである保育者には，保護者のこうした過程に寄り添い，支えていく姿勢が
求められます。また，障害ばかりに目が向きがちな保護者に，日常の子どもの
肯定的な姿や変化をしっかりと捉え，子どもが育っている事実を丁寧に伝える
ことも保育者の大切な役割です。

④ 子どもの「困り感®」[45]と家族の理解

佐藤曉は「日々の生活のなかで子どもが困っているという，子ども自身の感
覚」を「困り感」[46]という言葉で表現しています。これは，私たちが子どもの対
応に困るとき，子ども自身はその何倍も困っているという子どもの立場に立っ
た理解の仕方です。この考え方は，保護者を理解する際にも役立ちます。

子どものためを思うがゆえの保育者の依頼や提案が，なかなか保護者には聞
き入れられず，協力が得られないことがあります。保育者が，保護者の非協力
的な態度に困難を感じるとき，保護者が感じる困難として，どのようなものが
考えられるでしょうか。たとえば，子どもの育てにくさ，体力的な負担，介護
や通院の負担，ゆとりのなさ，経済的困難，将来への不安，夫婦間の意識のズ
レ，親族や世間の偏見，きょうだいの世話が十分にできないこと等，あげれば
きりがありません。保育者が保護者の協力が得られず困ったときほど，保護者
自身も困っていることに目を向け，前向きに子育てに関われるよう支えていく
ことが大切になるのです。

また，障害児の子育てに伴うさまざまな経験を分かち合い，支え合う当事者
の存在も重要です。同じ立場にある保護者との橋渡しや，**ピアサポートグルー
プ**[47]に関する情報提供等も有効な支援となります。

⑤ 保育所における他職種との連携

障害児の多くは，保育所への通園に加えて，病院や児童発達支援センター等
で専門的治療や療育を受けています。子どもの生活を支えるためには，これら
の専門職と情報を共有したり保育に関する助言を得たりする等，相互の連携が
重要になります。このような専門職同士の連携は，現実にはさまざまな難しさ
がありますが，相互に施設・機関の機能やその職種の役割を理解すること，専
門用語の使用は控え他職種でも理解しやすい言葉を用いることが大切です。

(亀﨑美沙子)

▷4 保護者の障害受容過程に関する考え方として，①段階モデル（ショック，否認，悲しみと怒り，不安等の様々な段階を経て，やがて適応，再起に至るといった段階的な過程として障害受容を捉える考え方）②慢性的悲嘆モデル（親の悲しみは子どもが生きている限り慢性的に続き，繰り返し経験され続けるとする考え方）③螺旋モデル（障害に対する肯定と否定の両方が常に存在し，最終段階が明確にあるものではないとする考え方）等がある。
（阿南あゆみ・山口雅子(2007)「親が子供の障害を受容して行く過程に関する分権的検討」『産業医科大学雑誌』29(1)，73-85.）
段階モデルについては Ⅷ-6 参照。

▷5 「困り感」は学研の登録商標。

▷6 佐藤曉(2012)『実践満載 発達に課題のある子の保育の手だて』岩崎学術出版社，9.
佐藤曉(2004)『発達障害のある子の困り感に寄り添う支援』学習研究社.

▷7 ピアサポートグループ
「ピア(peer)」とは「仲間」の意味であり，ピアサポートとは同じ経験をもつ当事者同士が支えあう活動である。たとえば，多胎児や障害児，小児がん患者の会など，各地でさまざまなピアサポートグループが組織されている。

5 虐待家庭，虐待が疑われる家庭への支援

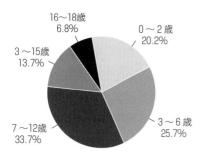

図Ⅴ-2　虐待を受けている子どもの年齢

出所：厚生労働省（2020）「平成30年度福祉行政報告例概況」，8.

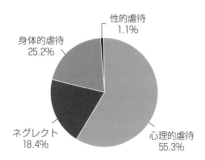

図Ⅴ-3　虐待種別の割合

出所：厚生労働省（2020）「平成30年度福祉行政報告例概況」，8より作成.

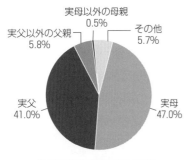

図Ⅴ-4　虐待者の割合

出所：厚生労働省（2020）「平成30年度福祉行政報告例概況」，8.

1　児童虐待の発生状況

　全国の児童虐待相談対応件数は増加傾向にあり，平成30年度の児童相談所の対応件数は約16万件となっています。虐待を受けた子どもの約半数は小学校就学前の子どもです（図Ⅴ-2）。虐待の種別は心理的虐待，身体的虐待，ネグレクトが多く（図Ⅴ-3），虐待者の割合は実母が47.0％，次いで実父が41.0％となっています（図Ⅴ-4）。また，平成28年に行われた実態調査によれば，全体の3割の保育所に虐待が疑われる子どもが在籍しており，ネグレクトや身体的虐待，心理的虐待がその多くを占めています。

　児童虐待は，①親自身の問題，②夫婦関係や家族の病気等のストレス，③近隣，親族を含む社会からの孤立，④育てにくさ等の子どもの問題，⑤相性の悪さ等の親子の関係性の問題等が，複合的要因となって発生します。

2　虐待の発見と通告

　福祉・教育関係者には児童虐待防止法第5条によって，虐待の通告義務が規定されており，虐待の疑いをもった段階で，速やかに市町村や児童相談所等へ通告しなければなりません。特に保育所は，日々の送迎を通した保護者との関わりが可能であり，虐待の早期発見が期待されています。日々の保育においては，意識的に親子の様子をよく観察することが大切であり，解説書では，①子どもの身体の状態，②情緒面や行動の状態，③子どもの養育状態，④保護者や家族の状態の4点を観察のポイントとしてあげています。着替えやオムツ交換時に傷やあざがないか，食事や入眠の仕方，親子関係はどうか，気になる場合には虐待チェックシートを活用し，虐待の可能性について把握しましょう。

　虐待の疑いのある場合には，関係機関への通告が必要です。保育士には児童福祉法による秘密保持義務が課せられていますが，通告はこれに反するものではありません。虐待に気づいたとき，

保護者との関係の悪化に対する懸念や罪悪感から，通告をためらうことも多いものですが，保育士は子どもの最善の利益を何よりも優先しなければなりません。たとえ愛情表現やしつけのつもりであっても，虐待は心身に有害な影響を与え，子どもの利益を損なう行為です。そのために通告が義務づけられていることを忘れないようにしましょう。

③　虐待通告と保護者への支援

　通告を行った場合，通告者が誰であるかは秘匿されます。しかし，保育士だけが問題を把握している場合には，園からの通告であることが特定されやすく，保護者からの不信を招くことがあります。その場合，不自然な怪我を繰り返したり，不適切な養育が見られたりしたときには，業務上の義務として保育士は専門機関に連絡するというルールがあることを説明しましょう。また，保護者自身が虐待を認識している場合には，保護者自身が問題解決に向かうことができるよう，専門機関へつなげることも大切です。一方で，子どもを奪われる不安や公共機関への不信感等から，保護者が専門機関との接触を拒否することも少なくありません。もちろん，緊急性や虐待の程度によって一時保護や施設入所措置が取られることもありますが，専門機関との関わりはあくまで問題解決に向けた援助を目的としていること，そのためにどのようなことが行われるのかを丁寧に説明し，保護者を必要な支援につなげていくことが大切です。

④　関係機関との連携と保育者の役割

　保育所の役割は，関係機関への通告をもって終了するわけではありません。通告後も，子どもはそれまで通り園に通ってくることがほとんどであり，引き続き親子への支援が求められます。加えて，虐待への対応には家庭児童相談室や子ども家庭支援センター等との連携が不可欠となります。保育所は**要保護児童対策地域協議会**[5]を通して，情報共有と支援方針の協議を行うとともに，定期的な出席状況の報告，記録作成等を行います。親子への直接的支援においては，各園の対応可能な範囲と限界を自覚し，園内で問題を抱え込まないことが大切です。

　専門機関は保護者への支援を行う一方で，保護者の意に反する指導や強制的介入，親子分離等を行わなければならない立場にあり，必ずしも保護者との信頼関係を構築できるわけではありません。そのために，保護者との接触や子どもの状態把握に困難が生じやすくなります。対して，保育所は日々の通園を通して子どもの状況把握が可能であり，虐待への対応において非常に重要な役割を担っています。また，日々の保護者との関わりを通して，専門機関の介入による不安や混乱を受け止め支えていくことも可能です。　　　　（亀﨑美沙子）

▷1　厚生労働省（2020）「平成30年度福祉行政報告例の概況」，8.

▷2　全国保育協議会（2017）「全国保育協議会会員の実態調査報告書2016」，95.

▷3　佐藤まゆみ（2014）「児童虐待とDVへの対応」新保育士養成講座編纂委員会編『新保育士養成講座第3巻　児童家庭福祉』全国社会福祉協議会，160.

▷4　厚生労働省（2018）『保育所保育指針解説』フレーベル館，229-230.

▷5　要保護児童対策地域協議会
関係機関が集まり，情報交換や支援内容に関する協議を行うための協議会であり，児童福祉，保健医療，教育，警察・司法などさまざまな分野の関係者によって構成される。

6　ひとり親家庭への支援

① ひとり親家庭の世帯数と平均年齢

　ひとり親家庭とは，子どもとその母親からなる母子家庭と，子どもとその父親からなる父子家庭の総称であり，母子及び父子並びに寡婦福祉法において子どもとは，「20歳に満たない者」とされています。「平成28年度全国母子世帯等調査」によれば，**母子世帯**は約123.2万世帯，**父子世帯**は18.7万世帯にのぼり，離婚によりひとり親となった世帯が7.5割～8割を占めています（表Ⅴ-2）。ひとり親となった時の平均年齢は母子世帯が33.8歳，父子世帯が39.3歳，末子の平均年齢は母子世帯が4.4歳，父子世帯が6.5歳となっています。

> ▷1　厚生労働省（2017）「平成28年度全国ひとり親世帯等調査結果の概要」。

> ▷2　**母子世帯・父子世帯**
> 母子世帯とは父のいない子ども（未婚の満20歳未満）が，その母に養育されている世帯，父子世帯とは母のいない子どもがその父に養育されている世帯と定義されている。

> ▷3　厚生労働省（2017）「平成28年度全国ひとり親世帯等調査結果報告」，4.

表Ⅴ-2　ひとり親家庭の状況		
	母子世帯	父子世帯
1　全世帯（推計値）	123.2万世帯	18.7万世帯
2　ひとり親世帯になった理由	離婚　79.5% 死別　8.0%	離婚　75.6% 死別　19.0%
3　就業状況	81.8%	85.4%
うち正規の職員・従業員	44.2%	68.2%
うち自営業	3.4%	18.2%
うちパート・アルバイト等	43.8%	6.4%
4　平均年間収入（母又は父自身の収入）	243万円	420万円
5　平均年間就労収入（母又は父自身の就労収入）	200万円	398万円
6　平均年間収入（同居親族を含む世帯全員の収入）	348万円	573万円

出所：厚生労働省（2017）「平成28年度全国ひとり親世帯等調査結果の概要」，1.

② 就業状況と経済状況

　ひとり親家庭の親はほとんどが就業しているにもかかわらず，48.3%が**相対的貧困**の状態にあり，日本のひとり親家庭の貧困率は国際比較においても非常に高い水準です。就業状況を見てみると，母子世帯ではパート・アルバイトが4割を占めており，父子世帯に比べ正規職員の割合が低いことがわかります（表Ⅴ-2）。母子世帯の平均年間就労収入は200万円であり，子どものいる一般世帯の4割にも満たない額となっています。一方，父子世帯では母子世帯に比べて正規職員の割合は高くなっていますが，平均年間就労収入は398万円にとどまっています。

> ▷4　**相対的貧困**
> 可処分所得を低い順に並べ，その中央に位置する人の所得（中央値）の半分の額（貧困線）に満たないこと（平成30年調査では中央値254万円，貧困線127万円）。

> ▷5　厚生労働省（2019）「2019年国民生活基礎調査の概況」。

> ▷6　厚生労働省（2020）「ひとり親家庭の支援について」。

このように，ひとり親家庭の親は安定した仕事を得にくく，多くが経済的困難を抱えています。

③　多様な保育ニーズへの対応

仕事と子育てを一人で担わなければならないひとり親家庭にとって，保育所は必要不可欠の存在です。そのため，母子及び父子並びに寡婦福祉法に基づき，ひとり親家庭は優先的に保育所に入所できるしくみとなっています。また，自分以外に子どもを見てくれる家族がいない場合には，勤務形態に応じた長時間保育，夜間保育や休日保育などさまざまな保育が必要となります。生活のために仕事を休むことができない保護者にとっては，子どもの急な病気は仕事との両立を困難にします。そのようなとき，**病児保育**や**病後児保育**が生活を支える大きな支援となります。こうした多様な保育ニーズへの対応も，ひとり親家庭の生活を支える保育所の大切な役割です。

▷7　病児・病後児保育
病気の回復期で集団保育が困難な状態にある子どもを対象とした保育。

④　保育者に求められる支援

○生活状況への理解

ひとり親家庭の支援においては，まず，それぞれの生活状況を理解することが大切です。ひとり親家庭となる背景には離婚や死別等があり，転居や同居家族の変化等，さまざまな生活の変化が伴います。ひとり親家庭となった後にも，交際相手の同居や再婚を経験する家庭もあるでしょう。こうした生活状況の変化は，子どもにも大きな影響を与えます。日々の保育においては，子どもの家庭生活にも目を向けながら必要なケアを行うとともに，親子関係を支えていくことが求められます。

また，ひとり親家庭は共働き家庭に比べて労働時間が長く，育児時間が短い傾向にあります。そのため，時間にゆとりのない家庭にとっては，日々の連絡ノートへの返信や手作り品の準備等，園の求めに応じることが難しいこともあるでしょう。園の方針を大切にしつつも，こうした事情を抱えた家庭もあることを念頭に入れながら，必要な配慮を考えておくことが大切です。

▷8　母子世帯の平日の育児時間は46分，共働きの母親は113分であり，母子世帯は共働き家庭の約3分の1となっている。（田宮遊子・四方理人（2007）「母子世帯の仕事と育児」『季刊社会保障研究』43(3)，219-231.）

○行事への配慮

運動会や親子遠足等，ひとり親家庭にとって親子で参加する行事では，負担を感じたり，周囲の偏見に傷ついたりすることが少なくありません。なかでも，父の日や母の日は負担を感じやすい行事のひとつです。ひとり親家庭への配慮から，行事そのものを行わない園もありますが，行事のもち方によっては親子関係をつなぐ機会ともなるでしょう。行事に対する親の思いを把握しつつ，子どもと同居する親や祖父母，離れて暮らす親等，子どもと家族をつなぐ機会としたいものです。また，保育所の他の家庭も含めて多様な家族のあり方を理解する機会になります。

（亀﨑美沙子）

外国にルーツをもつ子育て家庭への支援

表Ⅴ-3　5歳以下の在留外国人児童数（2015年12月時点）	
総　数	105,900
中　国	38,322
ブラジル	11,748
韓国・朝鮮	11,350
フィリピン	9,117
ベトナム	4,184
ペルー	3,067
ネパール	1,973

出所：荒牧重人他編著（2017）『外国人の子ども白書——権利・貧困・教育・文化・国籍と共生の視点から』，63.

1　外国にルーツをもつ子育て家庭とは

　日本には，さまざまな形で外国にルーツをもつ子育て家庭が暮らしています。たとえば，保護者も子どもも外国籍である家庭，保護者は外国籍であるが子どもは日本国籍をもつ家庭，保護者も子どもも日本国籍であるが，日本語を母語としない家庭等です。ここでは，このように国籍にかかわらず，外国とのつながりをもつ多様な子育て家庭を総称して，「外国にルーツをもつ子育て家庭」と呼ぶこととします。

　外国にルーツをもつ子どものうち，5歳以下の在留外国人の子ども数は，約10.6万人（表Ⅴ-3）となっており，アジア諸国と南米出身者が多数を占めています。また，保育所にもこれらの国にルーツをもつ子どもたちが多数在籍しています。[1]

2　生活上のさまざまな問題

○言葉の違いによる問題

　「第2回多文化子育て調査報告書」[2]によれば，保育所を利用する外国にルーツをもつ保護者のうち，約半数が日本語の使用に困難があり，家庭では日本語以外の言語を使用しています（表Ⅴ-4）。

　日本語が十分にできない場合には，子育てに必要な情報の取得や，社会資源の活用にさまざまな困難が生じます。特に災害時には，言葉が通じないことが深刻な問題となりやすく，医療・福祉サービスや災害に関する情報の入手等には，サポートが不可欠となります。漢字，ひらがな，カタカナが混在する日本語の読み書きは，日常会話よりもはるかに難しく，たとえ日常生活に必要なコミュニケーションが可能であったとしても，文字情報を読み取ることは容易ではありません。生活情報の多くは文字情報であるために，文字情報が読み取れなければ，いくら豊富な支援が用意されても，そこにアクセスすること自体に困難が生じます。

表Ⅴ-4　家庭での使用言語（%）		
1	日本語	56.6
2	中国語	24.7
3	ポルトガル語	8.2
4	英語	8.2
5	韓国語	6.8
6	タガログ語	4.9
7	スペイン語	3.8
8	ベトナム語	0.9
9	アラビア語	0.7
10	バングラディシュ語	0.6
11	タイ語	0.6

出所：多文化子育てネットワーク（2012）「第2回多文化子育て調査報告書」.

○文化の違いによる問題

　日本と外国とでは，宗教，食事，慣習，衣服，子育て法等，あらゆる面で価値観や生活様式が異なります。外国にルーツをもつ子育て家庭にとって，こうした違いがさまざまな問題や生活上の支障につながります。

▷1　多文化子育てネットワーク（2012）「第2回多文化子育て調査報告書」，4.

▷2　同上。

　文化の違いは，私たちが園生活において当たり前に行っているスキンシップ，オムツの使用方法や使用期間，食事内容やマナー，衣服の調整，家庭訪問等においても同様です。たとえば，子どもの頭に触れることがタブーとされる地域では，子どもの頭を撫でることは大問題となりますし，プライバシーを大切にする国では家庭訪問は受け入れがたいものでしょう。日本で暮らす私たちには当たり前のことであっても，外国にルーツをもつ保護者にとっては，戸惑いや不信感につながることもあるのです。

③ 外国にルーツをもつ子育て家庭への支援

○コミュニケーションに対する支援

　言葉の問題は，人間関係や自己評価にも大きな影響をもたらします。たとえば，不十分な日本語で相手を怒らせたり，他者から低く見られたりする経験は，人との関わりへの抵抗感や自尊心の低下につながります。また，保育所では，日本人の母親のように十分なことができず，親としての自信を喪失することもあります。保育者には，このような言葉の不自由さに伴うさまざまな困難を踏まえ，保護者の思いや意向を理解することが求められます。さらに，文字によるコミュニケーションは日常会話以上に難しく，連絡帳やおたよりの内容を理解することも容易ではありません。各家庭の実情に応じて，ひらがなやローマ字，イラストを使用したり，実物を見せたりする工夫が求められます。

　外国にルーツをもつ子育て家庭は，日本ではマイノリティとして周辺的に位置づけられ，常に日本文化への適応が求められます。ときには，園全体で外国の文化を学ぶ機会を設け，外国にルーツをもつ家庭が中心的に位置づけられるような活動を取り入れたいものです。

○多文化[3]に育つ子どもと保護者への支援

　子どもは，生活習慣，慣習，礼儀作法や価値観に至るまで，日々の園生活を通して日本の文化を取り込んでいき，大人よりも早く日本語を習得します。また，保育者側も，一日も早く園生活に慣れてもらいたいとの思いから，日本への同化を求めがちです。しかし，子どもは必ずしも日本に定住するとは限りません。いずれ母国に帰る場合には親の母語や文化の獲得が重要な問題となります。さらに，日本文化への適応過程[4]において，子どもが母語を維持できずに親子のコミュニケーションが難しくなったり，保護者のもつ文化に否定的になったりと，親子関係が悪化することもあります。保育者には，将来的な見通しや子どもの母語の使用，生活習慣等に対する保護者の意向を捉えながら，複数の文化のなかで育つ子どもと，異なる文化を獲得していく子どもを育てる保護者の両者を支え，親子関係をつないでいく役割が求められます。

（亀﨑美沙子）

▷3　多文化
「多文化」とは国際化や異文化のように自文化対異文化という捉え方ではなく，この境界線を弱めるボーダーレスのニュアンスを含む言葉である。（萩原元昭（2008）『多文化保育論』学文社，6.）

▷4　「適応（adjustment）」には，当事者が母国の文化を捨て，滞在国の価値観や習慣を受け入れることで解決されるとするニュアンスを含むとの批判から，「文化的調整（cultural accommodation）」という概念がより適切であるとの指摘もある（萩原，2008：42）。

（参考文献）
　荒牧重人他編（2017）『外国人の子ども白書——権利・貧困・教育・文化・国籍と共生の視点から』明石書店.

保育所が担う地域の子育て家庭への支援

1 保育士の相談，助言に関する知識，技術の向上

　保育所の保育士は，「乳児，幼児等の保育に関する相談に応じ，及び助言を行うために必要な知識及び技能の習得，維持及び向上に努めなければならない」（第48条の４の②）と児童福祉法に明記されています。保育士による相談，助言は，保育士の子どもへの関わりを保護者に伝え，同じようにできるように求めていくことではありません。保護者の気持ちを受け止めながら話を聴き，家庭で子育てをする保護者の状況の理解に努めます。そして，悩みや課題が生じている理由について保護者と共に考えます。子どもの発達や遊び，生活など，保育の専門性の視点から問題や課題を捉えつつ，保護者の置かれている状況のなかでどのような情報が子どもや保護者にとってより役立つかを考えて支援します。保育士は相談，情報提供を行うために必要な知識や技能を習得し，維持，向上を目指します。どのように保護者の話を聴き，共に考え，どのような言葉で伝えたり，支援したりすることが，子どもの健やかな育ちや保護者の子育てを支えることにつながるかを考えて，学び続けていきます。

2 地域に開かれた子育て支援

　保育所は，保育や子育て支援の専門性を生かして，日々保育する子どもやその保護者のみならず，地域の子育て家庭への支援を行うことが求められています。児童福祉法では，「保育所は，当該保育所が主として利用される地域の住民に対してその行う保育に関し情報の提供を行い，並びにその行う保育に支障がない限りにおいて，乳児，幼児等の保育に関する相談に応じ，及び助言を行うよう努めなければならない。」（第48条の４）と規定されています。保育所は，保育を必要とする子どもの保育を適切に行いながら，保育に支障をきたさない範囲で，地域の子育て家庭への支援を実施します。保育指針では，「児童福祉法第48条の４の規定に基づき，その行う保育に支障がない限りにおいて，地域の実情や当該保育所の体制等を踏まえ，地域の保護者等に対して，保育所保育の専門性を生かした子育て支援を積極的に行うように努めること」と示されています。子育て支援に関する地域の多様な団体の活動を知り，連携を図ることは，保育所が所在する地域の実情を知り，地域における当該保育所の特性を理解することにつながります。

▶1　厚生労働省の「保育所等関連状況取りまとめ（令和２年４月１日）」，４に表記される保育所等利用児童の割合より換算すると，日中家庭で過ごす子どもは，０歳児は８割程度，１・２歳児は５割程度いることが予想される。

保育所保育の専門性を生かして子育て支援を行うためには，保育所の特性を理解することが大切です。たとえば，０歳児保育室にある玩具は，０歳の子どもの発達に合った玩具です。子どもが主体的に遊ぶ姿を見たり，玩具の置き方を知ったり，保育士の子どもとの遊び方や見守り方を見たりすることは，保護者にとって子育てのヒントとなります。子どもが楽しめるわらべうたを知ることも，家庭での遊びのヒントとなります。自分の主張を全身で表現している２歳の子どもに対する保育士の関わりに出会うことは，保護者にとって，２歳児の発達の特徴を客観的に見る機会や，子どもの思いを受け止めて，気持ちを促す言葉かけを知るきっかけとなります。保育に支障がない方法で，保育所の特性を生かしながら積極的に子育て支援を展開することが望まれます。

③　地域の関係機関との連携

　保育指針では，「市町村の支援を得て，地域の関係機関等との積極的な連携及び協働を図るとともに，子育て支援に関する地域の人材と積極的に連携を図るよう努めること」と示されています。子育て支援を行う機関，施設，団体は多様化しています。地域にはどのような子育て支援の資源があるかを把握し，必要に応じて連携しながら，保育所の地域子育て支援を実施します。保育所の資源を活用して地域子育て支援を展開するほか，地域の関係機関，施設，団体と連携して，地域子育て支援を展開することができます。たとえば，中学校，高等学校が実施する乳幼児とのふれあい交流や保育体験に保育所が協力する形で，次世代育成支援の観点から，将来に向けて地域の子育て力の向上につながるように支援します。また，保護者や地域の人々と子育ての喜びを分かち合い，知恵や知識を交換し，子育ての文化や子どもを大切にする価値観などを共に紡ぎ出していくことも，保育所の大切な役割です。

④　地域の子育て家庭における特別な配慮が必要な家庭への支援

　地域の子育て家庭においても，特別な配慮が必要な家庭に対する支援が求められます。保育指針では，「地域の要保護児童への対応など，地域の子どもを巡る諸課題に対し，要保護児童対策協議会など関係機関等と連携及び協力して取り組むよう努めること」と示されています。未就園の子どもがいる家庭は，周囲との関係が希薄になりがちです。保育所では，そのような家庭に子どもの遊び場，親子でつどう場を提供し，子育て家庭同士がつながり合うことを支えます。そのなかで，特別な配慮が必要な家庭が把握された場合は，ニーズに応じて支援につなげていきます。特別な配慮が必要な家庭に対して，子どもの育ちや保護者の子育てを支えるために，要保護児童対策地域協議会での情報の共有や，関係機関等との連携及び協力を図っていきます。　　　　　　（水枝谷奈央）

▷2　特別な配慮が必要な家庭に対する支援については Ⅴ 参照。

（参考文献）
厚生労働省編（2018）
『保育所保育指針解説』フレーベル館.

2 地域の子育て家庭支援における観点

1 現代の子育て環境

▷1　子育ての歴史をさかのぼると，産みの親以外にも，乳母，名付け親，しつけ親など，子どもはたくさんの社会的親によって育てられていた。

▷2　網野武博（2002）『児童福祉学〈子ども主体〉への学際的アプローチ』中央法規，169-171.

▷3　⇨Ⅶ参照

　子育ての歴史を紐解くと，子どもはさまざまな社会的親によって育てられてきました。しかしながら，少子化，核家族化，近隣住民とのつながりの希薄化など，現代は子育て家庭が孤立化しやすい環境にあります。自分の親を頼りたくても，居住地が遠かったり，介護が必要な状態にあるなど，頼ることができない人もいます。父親の長時間労働は，母子の孤立化につながります。また，小さな子どもと関わった経験がないまま親になる人が増えています。近隣住民との関係が希薄化していると，子育てで困ったときに，近隣の人に助けを求めることができません。たとえば，子どもが泣いて，理由がわからず困っているときに，「うるさいと苦情を言われるかもしれない」と心配したり，「虐待だと思われてしまうかもしれない」と不安を感じたりしやすい状況となります。

　高度経済成長以降，子どもが育つ上で大切な空間・時間・仲間の3つの間の確保が難しい時代となりました。子どもらしく遊ぶことができる空間，子どものペースで過ごせる時間，子どもの遊び仲間を確保することが難しい環境で子どもは過ごし，保護者は子育てをしています。地域子育て支援においては保護者だけでなく，子どもを支援するという観点も必要です。

　ネットワーク環境が発達し，インターネットで情報を検索したり，動画を視聴したり，SNSで情報を共有したりする機会が増えました。子どものインターネット利用は保護者の時間確保につながり，一時的な負担軽減になるものの，長時間利用による子どもの育ちへの影響を心配したり，視聴をやめることが難しかったりと，長期的には保護者の不安や負担を増大させてしまうことがあります。そのため，適切な利用方法を家族や社会で考えていく必要があります。また，インターネット利用は情報を得やすい，悩みを共有しやすいというメリットがある一方で，気になればなるほど，情報を調べる時間が増えていきます。膨大な情報量のなかで，子どもに合った情報，保護者自身に合った情報を得るには時間がかかります。必要な情報に辿り着くことができなかったり，間違った情報を選択したりしてしまうこともあります。顔が見えない関係のなかで，相談内容への心ない回答により，さらなる不安が生じてしまうこともあります。

　保育所等に通っていない子どもとその保護者は，日常的に保育士や幼稚園教諭等と会う機会がなく，子どもについて気になることを話したり，悩みを相談

したりする機会が得づらい環境にあります。親子の居場所をつくることは，保護者の子育てを支えるとともに，子どもの健やかな育ちを保障します。

② 生活が制限されるなかでの子育て

　新たな感染症の流行や災害など，日常生活が脅かされて，生活が制限されてしまうと，保護者はストレスを感じます。保護者のストレスは，子どもの情緒的な不安定さにつながります。子育ての孤立化は，育児不安の増大や，児童虐待の発見の遅れにつながることもあります。感染症対策や防災対策を施しながら，子どもが子どもらしく過ごせる場，保護者同士がつながり合える場を確保し，積極的に地域の子育て家庭への支援を実施することが求められます。集うことが難しい場合，インターネットやラジオを利用して必要な情報を発信することができます。また，個人情報の保護に配慮した上で，保護者同士が情報交換できるようオンラインツールを利用して，つながり合う場を設けることができます。

③ 子どもを一時的に預けることができる場

　一時預かり事業は，児童福祉法において，「家庭において保育を受けることが一時的に困難となった乳児又は幼児について，厚生労働省令で定めるところにより，主として昼間において，保育所，認定こども園その他の場所において，一時的に預かり，必要な保護を行う事業」（第6条の3の⑦）と明記されています。一時預かり事業実施要項では，核家族化の進行や地域のつながりの希薄化などにより，育児疲れによる保護者の心理的・身体的負担を軽減するためにも支援が必要であると説明されています。保育指針では，「一人一人の子どもの心身の状態などを考慮するとともに，日常の保育との関連に配慮するなど，柔軟に活動を展開できるようにすること」と示されています。地域で子どもを見守り，育てることが容易でない現状のなかで，一時預かり事業は，子どもにとっては家族以外の人とつながる場であり，保護者にとっては子どもから離れて自分の時間をもつことができる貴重な時間となります。

　一度も一時預かり事業を利用したことがない保護者は，罪悪感を抱いたり，保育の丁寧さを心配したりするなど，利用をためらいがちです。はじめての利用の際には子どもが泣いてしまうこともありますが，それは子どもと保護者の間に愛着関係が形成されている証であることや，次第に子どもが自分の居場所として過ごせるようになるという見通しを説明し，安心して利用できるように促します。保護者に子どもの家庭での様子を丁寧に聞き，保育に反映することは，子どもの情緒の安定や，保護者の保育士に対する信頼につながります。

（水枝谷奈央）

参考文献
　水枝谷奈央（2016）「子育て家庭を取り巻く社会環境」高辻千恵・山縣文治『新・プリマーズ／保育／福祉　家庭支援論』ミネルヴァ書房，26-39.

保育所における地域の親子の交流支援

 保育所の特性を活かした交流支援

　保育所には，表Ⅵ-1のように保育の専門性に基づく人的資源，物的資源，空間的資源，情報資源，文化的資源が存在します。保育所は，それらの資源を活かして地域子育て支援を実践します。たとえば，園庭という空間的資源を活かし，園庭開放を実施することができます。地域の子育て家庭が利用できる場を提供することで，地域の親子が交流できる場となります。園庭には，物的資源として子どもの発達に合った遊具があり，草木，花，土，水など自然物が広がります。子どもが遊びやすい空間は子どもにとって居心地が良く，夢中になって遊ぶことができます。子どもが思い思いに遊ぶなかで，保護者は安心して過ごすことができます。砂場の道具や自然物を入れることができる容器などを置いておくことで，子どもたちが集まり，保護者同士の会話が自然と生まれます。地域の子育て家庭への支援を考えるとき，保育所の資源を提供するという視点のみならず，保育所の資源を活用して，子育て家庭同士をつなぐという視点を大切にします。

表Ⅵ-1　保育所の保育資源

資源	具体的内容
人的資源	子ども，保育士，保護者，看護師，栄養士，保育所とつながりのある地域住民や地域の団体など
物的資源	玩具，遊具，絵本，素材，教材，制作物，自然物など
空間的資源	園庭，保育室，遊戯室，ホールなど
情報資源	紙媒体，掲示板，インターネットによる情報発信など
文化的資源	伝統的な行事の実施，わらべうたの伝承など

　人的資源として，子ども集団や保育士などの専門職がいます。地域の親子が園児と一緒に園庭で遊ぶことは，地域の子どもにとって同じ年齢の子どもと出会う経験となります。保護者にとっては，同じ年齢の子どもを見て，個性や発達の違いを感じたり，年上の子どもの姿から発達の見通しをもったり，小さな子どもの姿から，わが子の成長を感じたりする機会となります。園庭での遊びの様子から，家庭での屋外遊びの参考にすることができます。さらに，保育士の園児との関わりをみて，子育ての参考にすることができます。

　また，保育所の行事に地域の親子が参加することができます。七夕，夏祭り，クリスマス会，もちつき会など，保育所が大切にしてきた季節の行事を地域の

親子も参加できるように工夫します。子どもの発達に合った遊びを知ったり，季節の行事を感じたり，楽しんだりする機会となります。地域の親子が経験を共有することは，孤立しがちな地域の子育て家庭をつなぐことにもなります。

　たとえば，保育士と子どもたちが保育所で親しんでいるわらべうたの触れ合い遊びを，地域の子育て家庭へ提供することができます。「わらべうたで遊ぼう」という活動を行った場合，保護者にとって，家庭で子どもと一緒に楽しむことができるわらべうたを知る機会となります。その際には，共にわらべうたに親しむ子育て家庭同士のつながりが生まれるように配慮します。また，栄養士が開く「離乳食づくり」や「給食の試食会」は，子どもに合った簡単な食事の作り方を知る機会となります。保護者同士が食事のことを話しながら，なにげない会話のなかで，気になっている事柄についてわが子だけではないと安心したり，小さな工夫を知ったりすることにつながります。その場で栄養士や保育士に相談できるように対応します。

　園庭の環境は園によってさまざまです。園庭がない保育所もあります。職員配置や行事なども園によってさまざまです。保育所の特色を踏まえて，保育に支障のない範囲で，保育所の資源を活用しながら地域の親子の交流支援を実施することが大切です。

② 地域の親子にとって居心地の良い場であるために

　地域の親子の交流支援を行うにあたっては，参加しやすい雰囲気づくりを心がけることが大切です。まずは，温かく迎え入れることから始めます。地域の親子を歓迎していることが伝わるように，受付の環境を整えます。利用方法はわかりやすく説明します。利用する空間は子どもにとって安全な環境となるように設定し，そのことを具体的に伝え，地域の子育て家庭が安心して利用できるように，情報提供します。困ったことがあった時には気軽に相談できることを伝えます。そして，地域の子育て家庭が主体的に過ごせること，地域の親子同士が心地よく自然な形でつながることを大切にします。子どもが遊びづらいと，親子にとって居心地の悪い場所となってしまいます。保育の専門性を活かして，子どもの発達に合った遊びや生活を保障する環境を用意します。気軽に訪れ，親子が心地よく過ごせる保育所が身近にあることは，孤立しがちな現状のなかで，家庭で子どもを育てていく上での安心感につながります。

　地域子育て支援の取り組みを通して，地域が抱える子育ての課題に気づくことがあります。地域の子育て家庭が置かれている状況の理解を積み重ねることで，保育所はさらに地域の実態に即した子育て支援を行うことができます。各保育所の体制に応じて，把握した課題を支援に活かしていくことが望まれます。

（水枝谷奈央）

（参考文献）
　水枝谷奈央（2016）「保育所の地域子育て支援における保育相談支援」柏女霊峰・橋本真紀『新・プリマーズ／保育　保育相談支援［第2版］』ミネルヴァ書房，122-137.
　高山静子（2018）『子育て支援の環境づくり』エイデル研究所.

　その他児童福祉施設における地域の子育て家庭への支援

① 児童福祉施設の特性を活かした地域の子育て家庭への支援

　保育所以外の児童福祉施設も，地域の子育て家庭のニーズを踏まえて，それぞれの資源を活かしながら，地域子育て支援を実施しています。子どもの育ちを支える専門職がいること，子どもが過ごせる場所があること，保護者の子育てを支える視点があること，宿泊が可能な場所があることなど，それぞれの特性を活かして地域に住む子どもや保護者などへの支援を実施します。

② 幼保連携型認定こども園における地域の子育て家庭への支援

　幼保連携型認定こども園は，就学前の子どもに関する教育，保育等の総合的な提供の推進に関する法律において，子育て支援事業を実施することと明記されています。認定こども園では，子育て支援事業として，子育てに関する相談，助言や一時預かり，利用支援，情報提供を行います。教育・保育要領では，子育て支援事業を実施する際には，地域性や専門性などを十分に考慮して当該地域において必要と認められるものを適切に実施することと示されています。認定こども園では，地域の子どもや保護者の要望の把握に努めながら，必要であると判断した内容について，認定こども園の資源を生かしながら，地域に住む子どもや保護者への支援を実施します。

③ 児童館における地域の子育て家庭への支援

　児童館は，18歳未満のすべての児童を対象として，地域における遊びや生活の援助，地域子育て支援を行い，遊びを通して健康を増進し，情操を豊かにすることを目的とする施設です。「**児童館ガイドライン**」では，地域子育て支援の実施について，子どもと保護者が自由に交流できる場を提供し，交流を促進すること，乳幼児を対象とした活動の実施や，乳幼児と中学・高校生世代等との触れ合い体験の取り組みを推進すること，地域の子育て支援の包括的な相談窓口としての役割を果たすことが示されています。地域の子育て家庭が求めているニーズを把握しながら，児童館の拠点性，多機能性，地域性という特性をいかし，地域子育て支援を実施します。また，18歳までの子どもが集う場であるという特徴を活かしながら，子育て家庭と地域の中学・高校生世代等とが出会い，触れ合う体験の取り組みを実施することが期待されています。

▶1　児童福祉施設は，児童福祉法第7条に明記されている。保育所のほか，乳児院，母子生活施設，幼保連携型認定こども園，児童厚生施設，児童養護施設，障害児入所施設，児童発達支援センター，児童心理治療施設，児童自立支援施設，児童家庭支援センター，助産施設がある。児童館は，児童厚生施設の一つ。

▶2　児童館ガイドライン　児童館ガイドラインは，厚生労働省より2011（平成23）年に策定され，2018（平成30）年に改正されている。「児童館ガイドライン」https://www.mhlw.go.jp/content/11906000/000361016.pdf

④　乳児院における地域子育て家庭への支援

　乳児院は，保護者の状況において入院することが適切であると児童相談所によって判断された乳児（必要な場合，幼児を含む）を養育し，あわせて退院の相談その他の援助を行うことを目的とする施設です。乳児院は，地域の子育て支援のニーズを踏まえながら，その専門性を生かして実施することが可能な場合に，各市区町村との契約により，短期間の宿泊や夜間の利用ができる子育て短期支援事業や，地域の親子の遊びの提供や相談援助を行う地域子育て支援拠点事業を実施し，地域の子育て家庭への支援を行っています。地域子育て支援拠点事業を実施している乳児院では，その他の施設の地域子育て支援拠点と同様に，乳児院の従事者とは別に，専任の従事者が配置されています。また，乳児院で働く保育士や看護師，栄養士の専門性を生かして，子育て相談を実施したり，地域の子育て家庭が集い，交流することを支援しているところもあります。

▷3　乳児院の子ども家庭支援は，Ⅷ-3参照。

⑤　夜間利用や宿泊型の支援が可能な子育て短期支援事業

　子育て短期支援事業は，**地域子ども・子育て支援事業**の一つであり，児童の養育が一時的に困難となった場合に，児童を預かることのできる事業です。乳児院の他にも，児童養護施設，母子生活支援施設などにて実施されています。
　子育て短期支援事業には，宿泊が可能な短期入所生活援助（ショートステイ）事業と，夜間に子どもを預けることができる夜間養護等（トワイライトステイ）事業があります。短期入所生活援助事業では，保護者の疾病や仕事，育児不安，育児疲れなど，身体的，精神的負担の軽減が必要な場合に，児童を一時的に預かり，子どもの生活を保障します。夜間養護等事業は，保護者が仕事その他の理由により平日の夜間または休日に不在となることで家庭において児童を養育することが困難となった場合，その他緊急の場合において，その児童を児童養護施設等において保護し，夜間の子どもの生活を保障します。

▷4　**地域子ども・子育て支援事業**
2015年4月から始まった子ども・子育て支援新制度において，市町村が主体となり，地域のニーズに基づいた子育て支援の事業計画を作り，計画に沿って実施する事業。一時預かり事業，乳児幼児全戸訪問事業，利用者支援事業，地域子育て支援拠点事業，子育て短期支援事業，養育支援訪問事業，子どもを守る地域ネットワーク機能強化事業，子育て援助活動支援事業（ファミリー・サポートセンター）事業など，13の事業がある。

⑥　子育て家庭を支援する多様な地域資源の把握

　地域のさまざまな児童福祉施設における子育て支援に関する取り組みを知ることは，よりよい支援につながります。保育所の地域子育て支援を行うにあたっては，保育所が中心となって実施することが想定される取り組みや事業と，他の施設，機関が実施する取り組みや事業について，内容を整理した上で，地域全体の状況を把握します。その上で，保育所で実施することができる地域子育て支援を考えて，実現していくことが求められます。

（水枝谷奈央）

5 地域子育て支援拠点事業における支援

1 地域子育て支援拠点事業とは

　地域子育て支援拠点事業は，地域において子育て親子の交流等を促進する子育て支援拠点を設置することにより，地域の子育て支援機能の充実を図り，保護者の子育て不安感などを緩和するとともに，子どもの健やかな育ちを支えることを目的とした事業です。社会福祉法における第2種社会福祉事業として位置づけられており，児童福祉法に基づく子育て支援事業の一つです。児童福祉法では，「乳児又は幼児及びその保護者が相互の交流を行う場所を開設し，子育てについての相談，情報の提供，助言その他の援助を行う事業」（第6条の3の⑥）と定められています。厚生労働省より，「地域子育て支援拠点事業実施要項」が策定されています。また，NPO法人子育てひろば全国連絡協議会により，「地域子育て支援拠点事業における活動の指標『ガイドライン』」が作成されています。実施主体は市町村であり，NPO法人，社会福祉法人，民間業者等への委託が可能です。実施にあたっては，開設準備経費や，開設日数，職員数，活動内容に応じた活動運営費が支払われます。

　一方，保育所の地域子育て支援は，児童福祉法において，「保育に支障がない限りにおいて，乳児，幼児等の保育に関する相談に応じ，助言を行うよう努めなければならない」（第48条の4）と明記されています。地域子育て支援事業を実施していない保育所については，地域子育て支援に関する助成金の有無や内容が自治体によって異なります。地域子育て支援事業と保育所における地域子育て支援の役割や運営の違いを理解しながら，それぞれの役割を担い，地域全体で子育て家庭を支援する体制を整えます。

2 地域子育て支援拠点事業の事業内容

　地域子育て支援拠点事業には，4つの基本事業があります。1つ目は，子育て親子に対する交流の場の提供と交流の促進です。まず，子どもや保護者が気軽に，そして自由に利用できる環境を整備します。そして，子育て親子同士が交流しやすい環境を整え，地域でのつながりを促します。2つ目は，子育てなどに関する相談と援助の実施です。保護者が気軽に相談できるよう，従事者は，身近な相談相手となるよう心がけます。そして，保護者の気持ちを受け止めて話を聴き，子育て家庭の状況理解に努めながら，子育てに関する助言をしたり，

▷1　地域子育て支援拠点事業における活動の指標「ガイドライン」
地域子育て支援拠点事業における活動の指標「ガイドライン」は，NPO法人子育てひろば全国連絡協議会により，2010（平成22）年に発行され，2017（平成29）年に改訂された。地域子育て支援拠点の概要や基本的な考え方，子どもの遊びと環境づくり，親と子の関係性，受容と自己決定，守秘義務，運営管理と活動の改善，従事者同士の連携と研修の機会など，活動に関する具体的な指標が示されている。
「地域子育て支援拠点事業における活動の指標『ガイドライン』［改訂版］」
kosodatehiroba.com/new_files/pdf/guide29.pdf

必要に応じて他の専門機関と連携して援助を実施したりします。3つ目は，地域子育て関連情報の提供です。地域の子育てに関する幅広い情報を収集し，保護者にとってわかりやすい形で発信します。保護者からの問い合わせに答えたり，施設内に子育て関連情報を掲示したり，パンフレットを配布したり，インターネットを利用して発信したりします。4つ目は，子育て及び子育て支援に関する講習等の実施です。保護者のニーズを把握し，保護者が子育てに関する知識を得られるよう，講習等を実施します。また，世代を越えて地域住民を対象に子育て支援に関する講座を実施したり，ボランティア養成を行ったりすることは，地域ぐるみで子育て家庭を支えることにつながります。

③ 地域子育て支援拠点事業の類型

　地域子育て支援拠点事業には，一般型と連携型があります。一般型は，常設の地域子育て支援拠点を設けて，地域の子育て支援機能の充実を図る取り組みを実施します。基本事業に加えて，一時預かり事業などを拠点施設で一体的に実施したり，出張広場を実施したり，地域支援を行ったりすることができます。従事者は子育て支援に関して意欲があり，子育てに関する知識・経験を有する者2名以上です。一方，連携型は，児童館等の児童福祉施設など，多様な子育て支援に関する施設に親子が集う場を設け，子育て支援のための取り組みを実施します。基本事業に加えて，地域の子育て力を高めるための取り組みを行うことができます。従事者は，子育てに関して意欲があり，子育てに関する知識・経験を有する者1名以上であり，児童福祉施設等の従事者が協力して実施します。

④ 地域子育て支援拠点事業の従事者の役割

　地域子育て支援拠点事業の従事者の役割は，先に取り上げた『ガイドライン』の支援者の役割に示されています。従事者は笑顔と挨拶を大切にし，利用者に対して来所の敬意を示し，緊張がほぐれるように，温かく迎え入れます。利用者にとって身近な相談相手となることができるよう，話にじっくりと耳を傾けることを大切します。そして，同じ立場にある親同士の支え合い，子ども同士の育ち合いを促すことを大切にし，必要に応じて利用者同士を紹介したり，結び付けたりする役割を担います。さらに，利用者と地域をつなぐ視点も大切です。関係機関と連携しながら，積極的に地域交流を図ります。また，従事者は積極的に地域に出向きます。乳幼児健診など親子集まる場に出向き，自ら知り合うきっかけをつくることは，子育て親子の利用を促すことにつながります。

（水枝谷奈央）

（参考文献）
渡辺顕一郎・橋本真紀（2018）『詳解　地域子育て支援拠点ガイドラインの手引──子ども家庭福祉の制度・実践をふまえて［第3版］』中央法規.

6　利用者支援事業における支援

 1　利用者支援事業とは

　利用者支援事業は，一人ひとりの子どもが健やかに成長することができる地域社会の実現に寄与するために，子どもや保護者，妊娠している方などが，必要な情報を得て選択し，教育や保育，保健などの子育て支援を円滑に利用できるように支援を行うことを目的とする事業です。子ども・子育て支援法では，子どもや保護者が保育施設や教育機関，地域の子育て支援事業などを円滑に利用できるよう，子どもや保護者の相談に応じ，必要な情報の提供および助言を行ない，関係機関との連携調整を行う事業と説明されています。「利用者支援事業実施要項」と「**利用者支援事業ガイドライン**▷1」が定められています。実施主体は市区町村で，NPO法人や社会福祉法人，社会福祉協議会等への委託が可能です。

2　利用者支援事業の事業内容

　事業内容は，利用者支援と地域連携です。利用者支援は，地域子育て支援拠点など子育て家庭の身近な場所で相談を受け，ニーズを把握し，保育や教育，保健その他の子育て支援の利用に関する情報提供や相談，助言，支援等を実施します。子育て家庭にとって身近な場所で当事者目線に立ち，寄り添い型の支援▷2を実施するところに特徴があります。保育所の地域子育て支援は，保育所の資源を活かして，子どもや保護者の子育てを支えます。一方，利用者支援事業は，子どもや保護者を地域の社会資源を利用する利用者と捉え，ニーズに合った利用を促し，子育て家庭が主体的に子育てできるように支援します▷3。

　たとえば，「通院の間，子どもを預かってほしい」という保護者に対して，利用におけるニーズを把握しながら，一時預かり事業などを紹介します。「子どもに落ち着きがないように思う」という保護者に対しては，ニーズを把握しながら，保健センターや指定障害児相談支援事業所などの情報を伝えます。「最近，子育てが辛い」という保護者に対しては，ニーズを把握しながら市区町村の相談機関や保健センターの保健師，子育て広場などを案内します。情報提供を行うために，地域子育て支援に関する社会資源の情報を収集し，その特徴を理解します。パンフレットやインターネット上の情報を把握することに加え，子育て家庭に必要な情報を直接，電話，メール，訪問などで問い合わせます。その

▷1　利用者支援事業ガイドライン
利用者支援事業ガイドラインは，内閣府，文部科学省，厚生労働省により2014（平成26）年に策定され，2015年（平成27）年に改正されている。
「利用者支援事業ガイドライン」https://www.mhlw.go.jp/file/06-Seisakujou hou-11900000-Koyoukintou jidoukateikyoku/00001030 66.pdf

▷2　利用者の立場に立って，寄り添い型の支援を実施する。子育てに関する社会資源を利用したいと考えている子育て家庭のニーズ把握に努め，地域の状況を踏まえながら，利用者の希望に沿う利用の仕方を，利用者と共に検討していく。

▷3　さりげない会話のやりとりから子育て家庭のニーズが把握されることがある。丁寧に話に耳を傾けて，潜在的なニーズも含めた把握に努め，支援が必要な背景を理解することが求められる。

過程で，利用者支援事業の担当者が各施設，機関の担当者や地域住民等と関係をつくり，深めていくことは，地域連携を促し，利用者を支えることにつながります。

地域連携とは，より効果的に利用者が必要とする支援につながるよう，地域の関係機関等と連絡調整を行い，連携や協働の体制づくりをすることを指します。利用者支援事業の地域連携は，フォーマルな資源のみならず，近隣住民，住民による活動等のインフォーマルな資源とも積極的に連携を図るところに特徴があります[4]。地域の社会資源に働きかけ，子育て家庭が地域の社会資源とつながりやすくなるようにその環境を整えておくことが大切です。日ごろから連絡を取り合い，社会資源に対して，子育て家庭のニーズを伝えたり，情報提供の方法を工夫してもらったりします。利用者の立場から子育て支援に関する情報を収集する過程において，地域に共通する課題を把握した場合，関係機関や行政などに伝えて，政策や支援体制づくりに反映してもらえるように働きかけます。地域の子育て資源の育成や，地域で必要な社会資源の開発なども行います。このように，子育てしやすい社会をつくっていくことも大切な役割となります。

▷4　利用者支援事業は，施設や事業等の利用支援のみならず，地域住民，地域の自主活動，支え合い活動などインフォーマルな資源とも連携し，子育て家庭が本来もっている力を発揮できるよう，地域の社会資源を俯瞰してコーディネートしていく役割を担う。

③　利用者支援事業の類型

利用者支援事業には，基本型，特定型，母子保健型の３類型があります。市町村の状況により，一つの類型を選択，もしくは，組み合わせて実施します。

基本型は，利用者支援と地域連携の二つの柱で構成され，専任の利用者支援専門員を１名以上配置します。子ども・子育て支援に関する事業の一定の実務経験を有する者で，子育て支援員研修の利用者支援事業（基本型）を修了した者等が担当します。

特定型は，主として市町村の窓口で子育て家庭等から保育サービスに関する相談に応じ，地域における保育所や各種の保育サービスに関する情報提供や利用に向けての支援などを行います。利用調整を図るガイド役として子育て家庭を支援します。１名以上配置される専任の利用者支援専門員は，子育て支援員研修の利用者支援事業（特定型）を修了している者が望ましいとされています。

母子保健型は，主として市区町村保健センター等で，妊娠期から子育て期にわたるまでの母子保健や育児に関する妊産婦等からのさまざまな相談に応じ，その状況を継続的に把握し，支援を必要とする人が利用できる母子保健サービス等の情報提供を行います。必要に応じて，関係機関と協力し，支援プランを作成します。母子保健に関する専門知識を有する保健師，助産師等を１名以上配置します。現在，母子保健型と基本型を一体的に捉えた子育て支援包括支援センターの設置がすすめられています。保健・医療・福祉・教育等の地域の関係機関による切れ目のない支援が望まれます。　　　　　　　（水枝谷奈央）

参考文献
橋本真紀・奥山千鶴子・坂本純子（2016）『地域子育て支援拠点で取り組む利用者支援事業のための実践ガイド』中央法規.
柏女霊峰・橋本真紀（2015）『子ども・子育て支援新制度　利用者支援事業の手引き』第一法規.
一般社団法人教育支援人材認証協会（2019）『子育て支援員研修テキスト［第2版］』中央法規.

保育所等を利用していない子どもの実態

 3歳未満の子どもの居場所

　幼児教育・保育無償化に関する内閣府調査では，「保育園と幼稚園の年齢別利用者数及び割合」（平成30年）の結果が示されています。この10年間で共働き家庭が増え，3歳未満児の保育所等の利用率は高まっています。一方で，保育所と幼稚園の利用率から幼児教育・保育施設を利用していない子ども数と割合をみると，0歳児81.3万人（84.4％），1歳児54.4万人（58.2％），2歳児46.6万人（48.5％）となっています。女性の**育児休業取得率**は，80〜90％で推移し，子どもが1歳になるまでの取得率（82.2％）が最も高くなっています。さらに，第1子出産を機に離職する女性の割合は46.9％で，その多くは仕事を辞めて家庭で子育てに専念していると推察されます。つまり，3歳未満児の保育所の利用率は高まっていますが，共働き世帯を含めて0歳児の8割は，家庭で母親と過ごしていると考えられます。

　近年は「密室育児」「**ワンオペ育児**」などといわれますが，孤立しがちな核家族が，地域の他の家庭や養育・保育の専門機関等とつながりをもてないまま，不安を抱えながら子育てをしている可能性があります。

2　親子の外出先と居場所

　保育所等を利用していない親子は，家の中だけで過ごしているわけではありません。横浜市での調査では，平日の行動スタイルとして，約7割は「ほぼ毎日（何かしら）外出」し，9割は週2〜3回以上が親子で外出していることがわかりました。「6か月以上1歳未満」で子どもが2人以上いる場合では，ほぼ毎日（81.2％）出かけており，乳児期でも外出頻度が高いことが示されています。この調査では，子育て期の親は，日々不便さや困難を感じながらも「子どもが大きくなるまでの我慢」という周囲からの圧力を感じていると報告されています。ベビーカーで外出する頻度の高い家庭が多くなっていますが，駅や電車・バスの公共機関では，ベビーカー利用に配慮した環境が十分ではないので，9割以上が「外出時に困ることが多い」と感じています。子育て環境として双子のベビーカー利用，荷物の多さへの配慮，道路の段差の整備などが課題となっています。

　最近は親子でよく行く場所として，公園のほかに大型複合施設を選択する場

▷1　内閣府・文部科学省・厚生労働省 HP.「少子化対策の現状（第2章2節1）「保育園と幼稚園の年齢別利用者数及び割合（平成30年）.

▷2　育児休業取得率
育児休業取得率は，女性は8割台（82.2％）で推移している一方，男性は6.16％という低水準である。（「雇用均等基本調査平成30年調査」.）

▷3　厚生労働省 HP「平成30年度雇用均等基本調査」.

▷4　内閣府　男女共同参画局 HP「共同参画」2019年5月号.

▷5　ワンオペ育児
「ワンオペ」とはワンオペレーション（一人勤務）のこと。主に母親が仕事，家事などをしながら一人で子育てをすること。

▷6　松橋圭子（2020）「子育て×まちづくり〜子どもが当たり前にいる社会〜」『マッセ OSAKA 研究紀要』**23**，21-22.

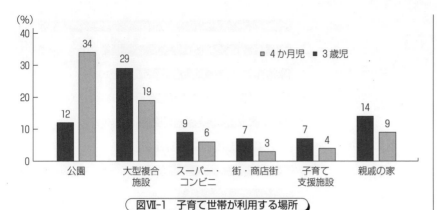

図VII-1 子育て世帯が利用する場所

出所：松橋（2020：21）図1，一部抜粋して筆者作成。

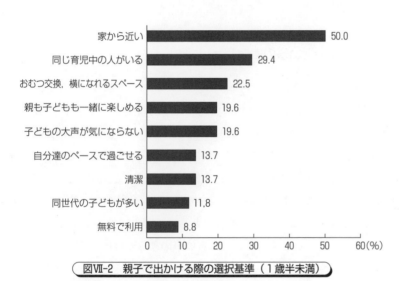

図VII-2 親子で出かける際の選択基準（1歳半未満）

出所：松橋（2020：22）表1，一部抜粋して筆者作成。

合が多くなっています（図VII-1）。三鷹市での調査で，親子で出かける場所を選ぶ際に重視する点としては，「家からの近さ」「おむつ替えや授乳スペースがある」「子どもが大声を出しても気にならない」「清潔」「親も楽しめる」「無料で利用できる」があげられています（図VII-2，図VII-3）。

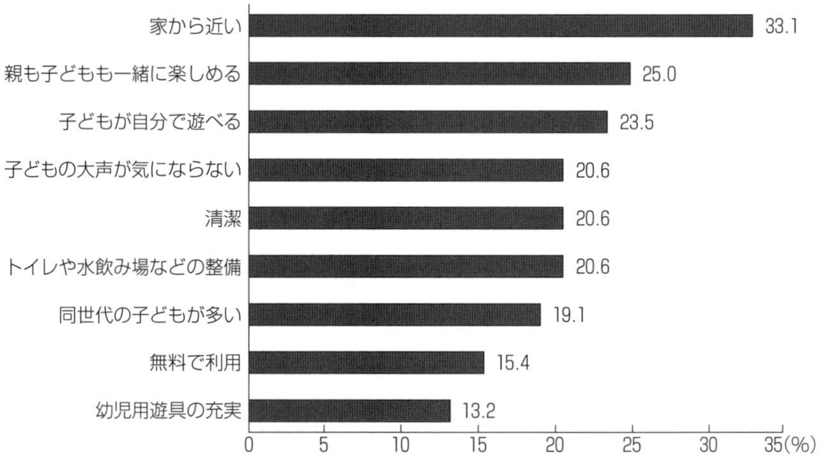

図Ⅶ-3　親子で出かける際の選択基準（1歳半以上）

出所：松橋（2020：22）表1，一部抜粋して筆者作成。

❸　乳幼児期の習い事の実態

　乳幼児期の習い事の調査では，就学前（0～6歳）の52.5％，半数以上が乳幼児期から何らかの習い事を始めています。特に学習系の「英語」，スポーツ系の「水泳」を早期から始めています（図Ⅶ-4）。習い事を始めた理由について，「子どもの意向」が38.8％に対し，「親の意向」は61.2％となっています。子どもの習い事にかける平均月額は約1万3000円（小学生を含む）という調査結果を示しています。このように高い費用をかけても子どもに習い事をさせるのは，教育的な目的もありますが，保護者にとって「子どもを安心して預けられる場」として利用しています。しかし，習い事のきっかけは，子どもの意向ではなく，保護者の意向から始めることも多く，子どもの発達や意欲を考慮したものであるとは限りません。また，経済的に余裕のない家庭では利用することが困難な場合もあります。

❹　子ども同士の交流の場，保護者同士が集う場

　保育所等を利用していない保護者は，24時間子どもから目を離すことができません。子育ては，多くは日常の中で観察や体験を通して学んでいくものですが，「密室育児」や「孤育て」と呼ばれるように，親子が密着し孤立した育児では，周囲の子育てを見て学ぶことが難しくなり，不安ばかりが増幅することもあります。子どもの理解や子育ての方法は学習により獲得されます。母親も父親も子どもが生まれたら本能的に子育てができるわけではありません。ですが，今の乳幼児の保護者が生まれ育った社会は，すでに核家族として二子規範が定着し，少子化が進行していました。個人の努力の如何にかかわらず，大人になるまでの過程で乳幼児と関わることが少なく，子育ての方法を学ぶ機会は多く

▶7　バンダイこどもアンケートレポート，Vol. 252「子どもの習い事に関する意識調査」結果，株式会社バンダイ，2019年6月.

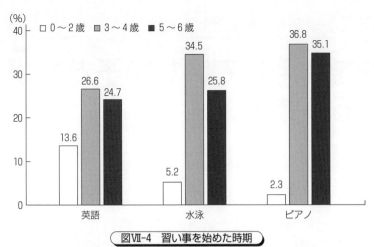

図Ⅶ-4　習い事を始めた時期

出所：バンダイこどもアンケートレポート，Vol. 252「子どもの習い事に関する意識調査」結果を参考に一部抜粋，筆者作成。

ありませんでした。わが子が生まれるまで子育て場面を見る機会が少ない保護者にとって，周囲からの子育てへの支援は，今まで以上に必要なものとなっています。

　家庭の中だけでは子どもの発達に不可欠な遊びや人間関係が不足しがちです。子どもは多様な人との関わりや自然のなかでの遊びや生活体験をしながら育つことが必要です。そのようななかで，地域の子育て支援の活動は，保育所等を利用していない子どもたちに適切な環境を提供しています。保護者もまた，地域子育て支援の活動や事業を利用することによって，他の親子の子育てを知る機会を得ることにもなります。子どもの成長は子ども同士の交流の場があって人として成長していくように，保護者もわが子の親として成長するためには，保護者同士が集う場が必要になります。高山（2018）は，子ども家庭支援の目的を，①子どもが健やかに育つ，②親が親として育つ，③さまざまな関係が育つ，④地域が育つ，という４つを挙げ，地域子育て支援がめざすのは，子どもが育つためのまちづくりと子育てが楽しいと感じられる社会づくりであると述べています。そしてそのまちや社会が，親子の育ちを支えるという循環をつくり出していくことが大切です。

（橋詰啓子）

▷8　高山静子（2018）『子育て支援の環境づくり』エイデル研究所，10.

保育所等を利用していない子どもが利用できる事業

さまざまな子ども家庭支援事業

　保育所等を利用していない親子が利用できる子ども家庭支援は，さまざまな種類があり，その支援の機能を大きく分けると「預かり型の支援」「居場所・交流型の支援」「情報・ネットワークの支援」になります（表Ⅶ-1）。これらの子ども家庭支援事業が，どこの地域でも存在し機能しているとは限りません。地域によっては，子ども家庭支援を担えるのは保育所しかないということもあれば，いくつもの**支援団体等**が子ども家庭支援を行っているという地域もあります。その地域で必要とされている支援は何かを把握し，地域の状況に応じた支援の展開が求められます。さまざまな支援事業があれば，その地域の保育所等を利用していない親子が，必要な支援を選んで利用することができます。

② 子ども家庭支援が子どもに与える影響

　保育指針には，子どもの育つ環境として，保育士や子どもなどの「人的環境」，施設や遊具などの「物的環境」，「自然や社会の事象」などが相互に関連し合い，子どもの生活が豊かになるように計画的に構成しなければならないことが示されています。これは，保育所等を利用していない子どもにとっても重要なことです。子育て支援施設など地域の資源を子どもの育ちのために活用すれば，子どもの一日の生活がより豊かになるだけでなく，子育て家庭が気兼ねなく集まり，交流したり情報を得ることもできます。子育て支援施設には，子どもと子育て支援の専門である従事者が人的資源として常駐し，保育指針で示されるような子どもに必要な環境が用意されています。

　保育指針では「保護者が子どもの成長に気づき，子育ての喜びを感じられるように努めること」が支援の目的とされています。親子が家庭だけで過ごしていると子どもの小さな成長に気づいたり，その子らしさを感じることが難しくなり，親にとって困った行動ばかりが気になることもあります。また，子どもの「できる」「できない」という観点からのみ発達を捉え，他児との比較からわが子の「よさ」や「強み」に気づきにくくなることもあります。従事者が一人ひとりの個性やペースを認め，その子の成長を保護者と共に喜ぶことで，子ども自身が安心して自ら育つことへの支援となります。

▷1　支援団体等
NPO法人，特定非営利活動法人，一般社団法人などが運営する団体，グループ，ネットワークなどで，公的支援とは異なる独自の方法で支援を行っている。

表Ⅶ-1　地域のすべての親子を対象とした子ども家庭支援

子ども家庭支援の種類	事業名（場所・主体）	支援の主な内容
預かり型の支援	一時預かり 保育所，幼稚園，認定こども園，などに併設	・家庭での保育が一時的に困難となった乳幼児が対象 ・主として昼間に一時的に預かり必要な保育を行う ※幼稚園が行う預かり保育は，一時預かり事業（幼稚園型）に再編
	ファミリー・サポートセンター 市区町村社福祉協議会などに委託	・緊急時の預かりなどに対応。援助を受けたい人，援助したい人が会員登録する ・乳幼児や小学生等の子育てをする保護者と児童の預かり等の援助を受ける者との相互助活動を連絡・調整する
	子育て短期支援 乳児院や児童養護施設等	・保護者の疾病等の理由で家庭での養育が困難となった児童 ・ショートステイ：一時的に預かる ・トワイライトステイ：平日の夜間，休日に施設で保護する
居場所，交流型の支援	地域子育て支援拠点 ・子育て支援センター：保育所・児童館等 ・子育てひろば：NPOなど多様な主体	・地域の身近な場所で，乳幼児のいる子育て親子の交流，育児相談，情報提供を行う ・地域の支え合い，子育て中の当事者による支え合いによって行う子育て中の親子が気軽に集い，相互交流によって子育ての不安，悩みを相談できる場所を提供 ・子育てに関する講習などの実施
	園庭開放	地域の子育て家庭のために，保育所，幼稚園，認定こども園の保育施設の園庭，空き室を開放する
情報，ネットワーク機能の支援	利用者支援事業 利用者支援専門職員，保健師等による	・子育て中の保護者，妊婦のために，教育・保育施設や地域の子育て支援事業等を円滑に利用できるようサポートする ・個別のニーズを把握して情報提供や相談を行う ・関係機関との連絡調整を行い，協働の体制づくりや社旗資源の開発を行う
	子育て世帯包括支援センター 利用者支援事業の母子保健型	・妊娠期から子育て期にわたるまでの支援 ・保健師，助産師，ソーシャルワーカーを配置し，切れ目のないきめ細かな支援 ①妊産婦の把握，②情報提供・助言・保健指導，③関係機関との連絡調整，④支援プランの策定

出所：内閣府「地域・子育て新制度ハンドブック平成27年改訂版」，17-23を参考に筆者作成。

③　子どもにとっての子ども家庭支援事業

　保育所等を利用していない子どもにとっては，子ども家庭支援の場は家庭とは異なる新しい環境になります。特に「一時預かり事業」では，一時的な保育ニーズを有する子どもを預かり保育を行います。一時預かり事業の特徴は，0歳から就学前まで，発達や年齢の違う子どもがともに過ごし，日によって子ども数や保育時間が異なることです。初めての場所や知らない人がいる場所で不安を感じる子どももいますが，子どもが「楽しかった」と思えるように遊びが提供されたり，環境が作られています。

　0歳の乳児には安心できる人と空間，衛生面への配慮があり，1歳・2歳の子どもには，触る，探索できる環境が作られています。子どもにとって触る，動くという欲求を満たす遊具が十分に用意されると，好きな遊びを何度も繰り返したり，試行錯誤して心身の成長が促されます。一時預かり事業は異年齢の保育なので，0歳児のための静かな空間，**操作遊び**の空間，**見立て・つもり遊び**の空間，体を動かす空間などを分けるなど工夫されています。そのような異年齢児の遊びに配慮した環境のなかで，他の子どもたちと関わることもでき，家庭では体験しにくい子ども同士の世界を経験します。また，両親以外の保育者，従事者，他の保護者等と関わることで，多様な関わりを体験したり，時には信頼できる人間関係を広げていきます。

（橋詰啓子）

▷2　**操作遊び**
積み木を並べる，パズルをはめる，ひもを通すなどの操作を楽しむ遊び。

▷3　**見立て・つもり遊び**
椅子を並べて電車に，お手玉をご飯に見立てる，動物になったつもりなど想像力を働かせて遊ぶ行為。

地域子育て支援における子どもの育ちを支える環境構成と働きかけ

① 子どもの育ちを意識した子ども家庭支援

　地域子育て支援においては，一時預かり事業等の保育事業はもちろん，地域子育て支援拠点事業などの「子育てひろば」の提供においても，空間や従事者の働きが，子ども家庭支援の目的に応じていること，子どもの育ちと子育てに適していることが求められます。たとえば，指導的なプログラムばかりで親も子どもも受け身になってしまうとお互いの関わりが少なく交流が生まれません。従事者が短期で交代制になると，保護者や子どもとの信頼関係が築きにくくなります。特に3歳未満の子どもを主たる対象とする一時預かり事業や地域子育て支援拠点事業等では，一時的で不定期な利用だからこそ同じ従事者がいてくれる安心感が重要になるでしょう。

　また保育所には「保育所保育の専門性を生かした子育て支援を積極的に行う」ことが求められていますが，保育所保育は子どもを最優先にした保育の歴史があるため，保護者を批判的に捉えないように留意しなければいけません。批判的に捉えるとは，たとえば，「園庭開放で親が子どもを見ない」「親がやるべきしつけができていない」など保護者の子どもへの関わりを否定的にみることです。このような捉え方は専門性の発揮とはいえません。保育士や保育所は，3歳未満児の子どもが育つ環境を熟知しています。その知識と技術を活かして，3歳未満児が意欲をもって集中し遊べる空間を構成し，その周囲に保護者が集える場所を設けるなどにより，親子が共に育つ環境を提供できるのです。

② 子どもの経験値や社会経験の違いを考慮した働きかけ

　子育て支援施設等の利用者は，初めて子育てする人もいれば，3人目の子育て中の人などさまざまです。また，一日中家庭のなかだけで過ごしている親子もいれば，公園や子育て支援施設に積極的に出かけていく親子もいます。そのような保護者の行動範囲や家庭が有する人間関係の違いによって，子どもの育つ環境や経験値も違ってきます。

　初めての子育てをする保護者は，不安が大きく，ちょっとしたことでもけがをしないかと心配になり，子どもの行動を制限したり，禁止することが多くなります。そのことが子どもの経験を狭くし，必要な能力の獲得を難しくしてしまいます。1歳を過ぎると歩きたい，登りたい，触りたいという欲求が出てき

ますが，危険だということで経験を制限するのではなく，大きな怪我にならない配慮の上で自由に動ける空間が必要です。子どもは欲求が満たされなければ，ストレスを抱え不機嫌な状態が続いたり，大人の目を気にして行動するようにもなります。子どもの発達と要求に合わせて環境を整えている子育て支援施設では，安全への配慮が行われ，自由に思いっきり体を動かして遊べる空間や遊具があり，従事者の見守りもあります。何が危険なのか，どうすれば安全なのかがわかれば，保護者も安心して見守ることができます。子どもは小さな擦り傷，打ち身など痛い思いをして，自分で危険を察知して，危険を回避して行動する力が身についてきます。段差があれば，立ち止まって何かにつかまる，障害物があればよけて歩くなどがわかってきます。大人の役目は，子どもにとっての危険をすべて排除することではなく，経験を通して学ぶ機会や環境を与えることです。

　水や砂など自然物は，子どもの働きかけに対して応答的な教材です。子育て支援施設では，庭が併設されていることもあり，そのような施設では，季節の草花に触れることもできます。市販の複雑な遊具ではすぐに飽きてしまいますが，自然のシンプルな素材に触れる遊びは集中力がつき，発見したり学んだりしながら成長していくことができるのです。

③　子どもの育ちを支える子育てひろばの環境

　子育てひろばは，地域子育て支援拠点事業の一つの取り組みであり，親子が交流する場を提供しています。地域によってさまざまな場所を利用し工夫がされています。子育てひろばの場所を高山は図Ⅶ-5のように示しています。子育てひろばを利用する仲間がいて，つながりや生きた情報が得られる場所，子育てをするすべての保護者に必要な場所，それが子育てひろばということです。その保護者の子育てを支援することと同時に，子どもの育ちを支えるための環境づくりもなされています。

▷1　高山静子（2018）『子育て支援の環境づくり』エイデル研究所.

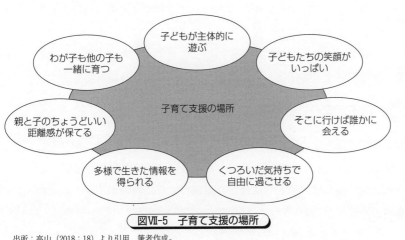

図Ⅶ-5　子育て支援の場所

出所：高山（2018：18）より引用，筆者作成。

　０～２歳の子どもは，自分で動かせるようになった手や足を使いたがり，身体全体を動かしたがる時期であり，ひとり遊びが中心の時期でもあります。そのような欲求を満たすために，子ども一人ひとりの発達や興味に即した遊具，誰にも邪魔されないで遊びこむ空間が必要となります。そのような発達にあった環境を知る従事者は，子どもの安全と保護者の安心に留意しています。歩行が安定し，物を口に運ばなくなれば，室内より外遊びを楽しむようになります。外遊びができる場所があるひろばでは，保護者と従事者の見守りがあるなかで，砂遊びや水遊びを十分楽しむことができます。下の子どもを抱きながら上の子を見ている保護者もいますが，従事者が一緒に見守ったり，時に下の子どもを抱いてくれたりすることで，安心することができます。その安心感に支えられ，保護者は上の子の遊びを見守ったり一緒に遊ぶことができるのです。このような配慮が子どもの経験を豊かにし，育ちを支えていることになります。

④　家庭ではできない経験，人との関わり

　子どもが育つためには，子ども自身が主体的な遊びができること，多様な人と関わりをもつことが必要ですが，家庭での親子だけの空間では不十分になりがちです。子どもの自発的な遊びが展開されるためは，発達に適した遊びの素材や道具が整えられ，興味や関心をさそう空間が備えられ，適切な援助や見守りをしてくれる従事者などの環境が重要です。特に０～２歳の時期は，探索遊びが盛んで，どんな物も触りたがり，体を動かし，観察するなどが遊びになります。さまざまな物や自然と関わってその性質を学び，広い空間で運動能力や器用さなど環境に合わせて調整する能力を獲得していきます。

　家庭では，子どもだけに配慮した環境づくりには限界があります。親子の関わりでは，甘えて自分でしようとしなかったり，興味の視点が狭かったりしますが，施設のなかでは他の子どもの真似をしたり，自分でがんばろうとする姿が見られます。さらにおもちゃの取り合いなど人間関係の学びとして必要な経験もできます。このように子ども同士や従事者等保護者以外の大人との関わりから，興味や意欲が広がっていく育ちの場が必要になります。子育て支援施設では，保護者にとっては他の親子の様子を見て，子育ての方法を知ることができ，さらに従事者の子どもへの関わりを見て学ぶ機会にもなります。

⑤　親子が安心できる環境

　子育て支援施設の環境として，親子にとってリビングのような安心してくつろげる空間で，子どもが自ら遊びたくなる環境の工夫が必要です（図Ⅶ-6）。子育て支援施設では，子どもに適した環境づくりに次のポイントを大切にしています。

　　① 子どもは保護者が見えることで，保護者も子どもを安心して見守るこ

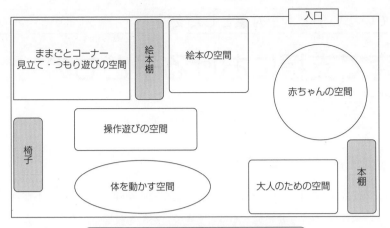

図Ⅶ-6　子ども家庭支援の保育室の環境構成

出所：筆者作成。

とができる
② 遊びを種類別コーナーに分けることで，好きな遊びに集中しやすい
③ 他の子や保護者との関わりが生まれる
④ 子ども同士で適度に取り合いやけんかが起こることも必要

　乳児期に適さない環境としては，遊園地や体育館のように広すぎたり，遊具が多すぎる空間です。騒然としていたり，強い刺激が多すぎると人との関わりが生まれにくくなるからです。遊具が多すぎると目移りして子ども同士のトラブルも起こりやすくなり，広すぎる空間だと保護者を見失ったりして子どもは安心して遊べなくなります。子どもが落ち着かないと保護者にとっても落ち着いた居場所ではなくなり，居心地の悪さを感じてしまいます。保護者は安心して子どもを見守ることができないために，常に子どもの後ろをついて歩くことにもなってしまいます。保護者にとって他児とのトラブルは神経を使います。そのため子ども家庭支援では，従事者という第三者が関わることで，子ども同士への対応モデルが示され，保護者同士のトラブルも避けることができます。

（橋詰啓子）

地域子育て支援における子どもの
育ちへの支援

 従事者等の子どもへの働きかけ

　子どもにとって慣れない場所や人は，不安や緊張を強くさせます。不慣れな場所では，ふだんと違う姿を見せることも多く，不機嫌になったりちょっとしたことで泣いたり，いつも以上に保護者に甘えたりします。それは，「いつもと違う」を認識しているという子どもの正常な反応や行動でもあるので，従事者は肯定的に受け止めます。言葉がわからない年齢でも，不安な時の言葉かけは安心感につながります。「お母さん，あそこで見ているよ」「お母さん，すぐに戻ってくるよ」などと語りかけ，玩具を媒介にして少しずつ子どもとの関係を築いていきます。

　３歳以上の子どもは，同じ年齢の子どもとつながることで遊びが広がり，経験も豊かになります。３歳になると友だちを意識し，一緒に遊ぶことを好むようになるので，従事者は「○○ちゃんよ，一緒に遊ぼうね」と紹介し，関わりを援助し，遊びを見守ります。この時期はまだ自己中心的なので，順番を待つことや譲るという行為は難しい時期でもありますが，子ども同士での小さないざこざやけんかを経験しながら，どうすれば一緒に楽しく遊べるのかを学んでいきます。一時預かりの場では，みんなで歌を歌ったり，紙芝居を見たり，運動遊具で遊んだりなど，家庭では経験しないプログラムを提供しています。楽しいプログラムによって，興味や関心が広がり，「おもしろかった」という満足感が得られます。

2 保育所等で提供される支援，具体的な働きかけ

　保育所等では，地域子育て支援として園庭開放や行事参加，体験保育などが行われています。保育所等での環境には，子どもや保護者の育ちを支える思いやノウハウが詰め込まれています。保育室や園庭などには，子どもの発達や興味・関心に合った豊かな環境の工夫があります。さらに，子どもの発達に適した遊具が用意されているだけではなく，保育士の言葉かけや援助によって遊びが発展していきます。そのような保育環境を一時的に見たり参加することは，保育所等を利用していない子どもにとって大きな刺激となります。他の子どもたちに影響されて，いつもとは違う姿を見せることもあります。特に幼児期の子どもは，大人との関わりよりも同年齢の子ども同士の関わりのなかで影響しあって育っていくからです。

　保育所等では，専門知識に基づいて子どもにふさわしい教材（絵本や玩具）を選び，どこにどのように設置するのかを工夫し，子どもが主体的に遊べる空間が用意されています。体験保育や園庭開放などでは，保護者が子どもと共にいることを留意し，子どもへの関わり方，遊びの環境など子育てのモデルを提供していくことは，間接的な子育て支援になります。

 3 **子ども理解のための支援の事例**

ケース１　子どもの気持ちを代弁する

　５か月の赤ちゃんと２歳児のYのお母さんから，Yが赤ちゃん返りで，おんぶ攻撃に困っているという相談がありました。Yの様子を見ていると，確かにお母さんにべったりなのですが，決して母親の膝には座ろうとしません。いつも張り付いてくるのはママの背中で，「抱っこしようか？」とお母さんが言っても「おんぶして！」と求めるそうです。従事者は「きっと，Yくんは，お母さんの膝は赤ちゃんのモノと思っているんだよね」とYの気持ちを代弁しました。「今日は私が赤ちゃんを見てるからYちゃんとゆっくり遊んであげて」と話しました。下の子を従事者が見ている間，Yはお母さんとじっくり遊んだり抱っこされて満足そうでした。言葉にはできないけれど，赤ちゃんを思いやる気持ちで「抱っこ」を我慢して「おんぶ」にしているというYの気持ちを知ったお母さんは，困った気持ちが消え，嬉しい気持ちになりました。

　日々，一緒に過ごす保護者であっても，子どもの気持ちに気づきにくいことがあります。きょうだいの上の子は赤ちゃんが生まれて嬉しい反面，寂しい気持ちから赤ちゃん返りをします。従事者は子どもの行動をよく観察し，甘えているだけではなく，下の子への思いやりや我慢をしていることに気づき，子どもの気持ちを代弁しました。従事者から子どもの気持ちを聞くことで，我が子への理解につながり，困った行動を嬉しいこととして肯定的に受け入れていきます。保護者の子どもを見る視点が変わり，気持ちにも変化があることで，子どもは安心感が増し，情緒は落ち着いてきます。

ケース２　みんなで食べる食事

　保育所の給食体験に３歳児K親子が参加しました。Kは食が細く家ではあまり食べない，特に青野菜は全く食べないということでした。Kは保育所の子どもたちと一緒に積み木や外遊びを楽しんだ後，給食が始まりましたが，Kが嫌いで食べない食材が多くありました。いつものように母親はそばで食事を手伝おうとすると，「いや！　自分で食べる」と言います。一緒に遊んだ保育園の子どもたちは，「おいしいね」と言いながらサラダを食べています。Kも同じようにサラダを食べ始め，それを見た保育士は「Kちゃん，お野菜上手に食べるね」と声をかけました。みんなと一緒に野菜をおいしそうに食べ，褒められたことで誇らしい顔のKをお母さんは驚きで見ていました。

　子どもは味覚が発達する過程で好き嫌いが出てきます。家庭で食べる時は，食べず嫌いで食べなかったり，わがままを通したりしますが，一緒に遊ぶ集団のなかで食事をすると，おいしそうに食べている雰囲気に影響されて食が進むことがあります。また，他の子どもが，自分でしている様子を見て，自分も「やってみよう」「食べてみよう」という気持ちが芽生えます。子どもは何かを乗り

越えようとするとき，子ども同士で影響し合って成長していきます。保護者は家庭での子どもの姿にとらわれ，「きっと食べないだろう」と思い込んでしまいがちなので，違う環境でのわが子の姿を見ることは貴重な体験になります。

ケース3　落ち着くまで待つことの大事さ

2歳児Mは，4歳の兄と0歳の妹がいます。いつも妹と子育てひろばで遊んでいます。兄の保育所のお迎えの時間がきて帰る頃になると，Mは不機嫌になり，他の子どもの遊びを邪魔してけんかになったり，泣きわめいて駄々をこねます。お母さんがMをなだめてもお手上げ状態です。Mはもっと遊びたいし，疲れて眠いしで自分でもコントロールできなくなっている様子をみた従事者が，「なだめたり止めたりではなくて，好きなだけ泣かせてあげて待ってみようか」と助言し，一緒にMのそばに座りました。そのうち泣き疲れ，気持ちも落ち着いてきました。「兄弟真ん中のMちゃんは，いつも大変なお母さんを想って，一番頑張っているのかもね。ここではお母さんだけでなく，大人が多いからわがまま言えるのでは？」と話しました。そしてMは自分から靴を履いて帰る用意を始めました。

　子どもは保護者の気持ちや状況を察知して行動することもあります。大好きなお母さんやお父さんが大変そうにしていると我慢しますが，余裕があると思うとわがままになったりします。しかし疲れてくるとトラブルを起こしたり，駄々をこねたり，気持ちを上手くコントロールできないこともあります。そのような子どもの特性をよくわかっている従事者の助言によって，保護者は子どもが泣いている理由がわかり，忍耐して待つことの必要に気づきます。子どもはよくないことがわかっていても自分でコントロールできないことがあります。そのようなときに否定されるのではなく気持ちを受け止め，待っていてくれることで落ち着くことができるのです。

　このように子ども家庭支援の従事者が，専門性をもって子どもの特性や気持ちを伝えていくことで，保護者の子どもへの理解が深まります。子どもにとっては，保護者と従事者に表現や行動の意味を理解してもらいながら，安心して自分を表現できる機会となっています。

④　保護者が共にいることへの留意

　従事者が，子どもの発達や行動の意味を理解して，それに応じた関わりを行っていれば，それを見ている保護者は知らず知らずのうちに子どもを理解し，遊びを知り，関わり方を習得していくこともあります。さまざまな親子が参加する子育て支援施設は，子ども同士のトラブルや保護者同士の理解不足なども発生します。そのようなとき子ども同士の関わりや対応の仕方を知っている従事者がいると，親子が共に安心して過ごすことができます。

　子どもは2歳くらいになると，他の子どもに興味をもち，関わって遊ぶようになりますが，「自分だけ」「自分が先」という自分中心の特性があります。保護者としては，「貸してあげなさい」と要求したり「仲よくしないとダメよ」と否定しがちになりますが，それでは子どもは理解できず，納得しません。他児

が困ったり，安全ではない子どもの行為であっても，何も言わない叱らないという保護者もいます。そのような場面に従事者が気づいたときは，子どもに対して言い聞かせるようにします。子どもに何をどのように話すかがわかれば，保護者として子どもに伝えるべきことが具体的にわかってきます。子どもにとっても，その都度伝えられることで，自分のした行為の何がよくないのか，どうすればよいのかが徐々にわかってきます。子育て支援施設では保護者が共にいますので，子どもに働きかけるときは，保護者の立場や気持ちを尊重する配慮をしながらも，なぜそのような対応をしたのかを保護者が納得できるように説明することが必要になります。

　注意する，叱る基準は人や場所によって違います。ある人が注意しないことでも他の人が注意することもあります。家庭では許されていることでも，公共の場では許されないこともあります。さまざまな人，場所での経験をすることで，大人にとっても子どもにとっても社会性を身につけていく機会となっているのです。

⑤　地域子育て支援が地域における子ども支援につながる

　父親も母親も子育てという営みを通して，新たな経験や幅広い視野をもつことにより，人間としての成長が促されます。子育てをきっかけに，**待機児童問題**[1]や虐待などの社会の問題に気づき，その改善に関心を向けて行動する場合もありますが，個々の保護者の努力だけでは解決できない問題にも直面します。困難を抱えている保護者は，不安が高まり，自尊心が傷ついていれば，子どもをかわいがるゆとりももてません。

　そのような保護者が一人で困難や子育てを抱え込むのではなく，従事者が話を聞き，困難な状況を理解し，具体的な支援をしていけば，大変な時期を乗り越えていくことができるでしょう。「一緒に子育てしていきましょう」という従事者がいることで，保護者自身の不安が和らぎ，気持ちのゆとりができれば，子どもにも優しくなれます。子どもにとって家庭だけでは満たされない環境であっても，優しく迎えてくれる従事者，安心できる場があれば大人を信頼する力が育ちます。

　特別な支援の必要な保護者には，受容的であることがまず求められますが，信頼関係が築ければ，必要な専門機関へとつなぐ支援に展開していくことも従事者の役割になります。2015年度より始まった利用者支援事業によって，地域のさまざまな子育て支援関係者とネットワークづくりが進められています。地域の実情に合わせて「**子育て支援コーディネーター**」「**保育コンシェルジュ**」[2]など名称は異なりますが，利用者支援専門員を配置している場合もあります。従事者自身も困難なケースを抱え込まず，地域の**社会資源**[3]とつながって適切な支援に展開していくことが求められています。さまざまな地域の人が関わって子育てを支援していくことが，子どもにとっての健全な育ちにつながっていきます。

（橋詰啓子）

▷1　**待機児童問題**
保育施設に入所申請をしており，入所の条件を満たしているにもかかわらず入所ができない状態にある児童の問題。2018年4月時点で待機児童数は1万9895人。（「保育所等関連状況取りまとめ」）

▷2　**子育て支援コーディネーター，保育コンシェルジュ**
利用者支援専門員の呼び名で地域によって異なる。保護者のニーズと保育サービスを結び付ける橋渡し的な役割を担う。

▷3　**社会資源**
地域で活用できるサービスやそれを提供できる期間，施設，人材などをいう。

（参考文献）
　奥田眞紀子（2017）「現代の子育て支援の重要性」『こころの科学』No.206.「特別企画：子育て支援と虐待予防」.

社会的養護を必要とする家庭の特性

 社会的養護とは

　子どもの養育には，家庭で保護者が子どもを養育する「家庭養育」と，社会がその必要性に応じて子どもを養育する「社会的養護」の2つがあります。厚生労働省は，社会的養護を「保護者のない児童や，保護者に監護させることが適当でない児童を，公的責任で社会的に養育し，保護するとともに，養育に大きな困難を抱える家庭への支援を行うこと」[1]と定義しています。

　子どもはみな，保護者の下に生まれてきますが，さまざまな事情で親子が一緒に暮らせない，保護者が子どもを養育できないことが生じます。たとえば保護者の死亡や，病気や犯罪等で養育ができないことや，虐待により保護者に養育させることが適当ではない場合があります。そのような事態が起きた場合，国はその責任において子どもを養育しなければなりません。それが社会的養護です。

　「社会的養護」は，施設養護，家庭養護，社会養護の3つに分けられます。施設養護は，乳児院や児童養護施設，児童自立支援施設などの児童福祉施設で子どもを養育することです。家庭養護は，里親家庭で子どもを養育することです。社会養護とは，家庭で子どもを養育しながら，折に触れて相談等のサービスを活用することをいいます。このように社会的養護は多岐にわたりますが，いずれにしろ，程度の違いはあっても共通していることは，家庭で子どもを養育することが困難であるということです。

　特にこの章で扱うのは，児童福祉施設や里親家庭で養育する子どもたちへの支援についてです。これらの社会的養護は1940年代の終戦後の日本において，多くの子どもが戦災孤児となったり生きるために罪を犯す子どもが増加し，その子どもたちを保護・養育するための役割を担ってきました。この時代の多くの場合は保護者が戦災で亡くなっており，身寄りのない子どもたちが社会的養護の対象となっていました。しかし今日，児童福祉施設で生活する子どものほとんどには保護者が存在しています。それではなぜ児童福祉施設で生活するのか。それは増加し続ける虐待問題と関係があり，家庭での養育が適切ではない子どもが児童福祉施設で生活をしているのです。

▷1　「社会的養護」（厚生労働省 HP）.
https://www.mhlw.go.jp/stf/seisakunitsuite/bunya/kodomo/kodomo_kosodate/syakaiteki_yougo/index.html

2　社会的養護を必要とする家庭の特性

　子どもが社会的養護を受ける一番の要因について，保護者の不在等以外でみた場合には，児童虐待があげられます。児童虐待に至るまでの背景はさまざまな要因が複雑に絡み合っているのでその原因を一概にはいえませんが，社会的養護を要する家庭の特性をいくつかあげることができます。

　ひとつは，保護者自身の未熟さや生育歴による子どもへの関わり方の困難さです。子育ては保護者が親になるプロセスであるといえますが，それをスムーズに行えず，保護者自身が子どもを養育するには未熟であった場合，子どもに対する振る舞いに如実にあらわれます。また保護者自身が不適切な養育を受けてきていた場合，その子育てを踏襲する可能性もあります。たとえば，幼い子どもはやってはいけないことを繰り返すことがよくあります。保護者が子どもになぜいけないかを繰り返し伝えることで，子どもは場の状況を理解し，望ましい行動を獲得します。しかし，そのような関わり方がわからなかったり，保護者自身が暴力や暴言でしつけを受けて育ってきていたらどうでしょうか。そのような保護者は，子どもへのしつけに暴力や暴言を用いることに肯定的になりがちです。

▷2　親になるプロセスについては Ⅱ-2 参照。

　また，子育て家庭の孤立化があげられます。子育てで悩んだときやさまざまな危機的な状況に陥ったときに，誰かに相談することで望ましい解決策を示唆されたりそれによって意識を変えたりすることができますが，相談者が不在であると問題解決や保護者の行動変容は難しくなりがちです。保護者自身の人間関係の持ち方とも関係しますが，相談者不在の孤立した子育てを行っていることは社会的養護を受ける家庭の特性のひとつであると考えられます。

▷3　子育て家庭の孤立化（地域のつながりの希薄化）については Ⅱ-4 参照。

　さらに，経済的な事情や子どもの性質や持病，障害等も影響し，いろいろな要因が重なり合って社会的養護のニーズが高まります。虐待は誰でも行使者になる可能性があり，したがって誰もが社会的養護を利用する可能性があります。特別な人の特別な問題と捉えずに支援することが望まれます。

（鎮　朋子）

表Ⅷ-1　社会的養護の利用理由の経年変化

	父・母の死亡	父・母の行方不明	父母の離婚	父母の不和	父・母の拘禁	父・母の入院	父・母の就労	父・母の精神疾患	虐待	破産等の経済的理由	児童問題による監護困難	その他・不詳
2003年	912	3333	1983	262	1451	2128	3537	2479	8340	2452	1139	2400
2018年	684	761	541	240	1277	724	1171	4209	12210	1318	1061	2733

出所：厚生労働省子ども家庭局家庭福祉課「社会的養育の推進に向けて」（令和2年4月）より筆者作成。

2　社会的養護を必要とする家庭への支援姿勢

1　家庭への支援姿勢

　社会的養護を要する家族への支援姿勢は，厚生労働省の通知である**社会的養護施設の運営指針**[1]に示されています。さらに，厚生労働省は2013年度に「社会的養護関係施設における親子関係再構築支援ガイドライン」を，さらに2016年度には「親子関係再構築支援実践ガイドブック」を作成しました。そこでは，社会的養護を受けている子どもと保護者の親子関係の再構築が明記されており，子ども家庭支援に携わる者は，親子関係の再構築を目指して支援することが必要になります。

　「社会的養護関係施設における親子関係再構築支援ガイドライン」（2014年3月）のなかで，親子関係再構築は「子どもと親がその相互の肯定的なつながりを主体的に回復すること」と定義されています。親子関係の再構築は以下に示した段階で進められますが，これは家族が一つ屋根の下で過ごすことを目的としているわけではなく，家族の形はさまざまであっても一定の理解や反省を示しあうことが重要であるといえます。

　保護者による不適切な養育や虐待の理由のひとつに，子どもへの関わり方がわからないことがあげられます。これには保護者自身が暴力・暴言のなかで育ってきたので踏襲してしまう場合や，他の望ましい手段がわからないことから陥ると考えられています。親子関係を修復するには，まずは新たな関わり方を学ばねばなりません。そのために児童福祉施設では面会や外出・外泊等の機会があります。面会等の場面で，子どもと保護者の関わりの様子を把握しながら，望ましい言い方を助言することは実際的な援助になります。そのようなやり取りを積み重ねながら，子どもと親の間に**アタッチメント**[2]を形成できるように支援することが必要です。子どもにとって親は信頼できる人，自分を助けてくれる人であることを実感できるように，保護者を支援していく必要があります。

　そのためには保護者との信頼関係が必要です。保護者のなかには子どもを取り上げられたと感じたり，親として失格の烙印を押されたように感じる人も少なくありませんから，保育士を含めた支援者に対して否定的な場合もあります。まずは受容的に保護者と関わりながら，子どもの存在を通してやり取りを行いながら保護者との信頼関係を形成し，保護者自身がもっている子育ての力を伸ばすことが求められます。

▷1　社会的養護施設の運営指針
⇨ Ⅲ-4 参照。

▷2　アタッチメント
ボウルビィ（J. Bowlby）の理論。個体が危機的な状況に直面した場合あるいは潜在的な危機に備えて，特定のひととの近接を求め，これを維持しようとする個体に備わる特性をさす。

2　子どもへの支援姿勢

　保護者への支援と並行して，子どもにとっては，安全・安心な予測できる生活の場を提供することが大事です。虐待という大人の不条理の中では，生活リズムが乱れたり，予測できないタイミングで叱責されるなど，子どもは落ち着かない状況下で生活をしてきた場合が少なくありません。自分の生活が何者かに脅かされることがなく穏やかに過ごせること，社会的養護の場が安心・安全な場であることが何よりも大事です。

　新しい環境になじむには個人差があります。住む場所，通学する学校，通学路，友人関係等，新たに築いたり覚えたりすることがたくさんあります。子どもにとっては大きな不安となりますので，安心できる大人がサポートすることで，新たな生活を作り上げていくことができます。

　そしてこれらの生活のなかのさまざまな場面での関わりを通して，子どもとの信頼関係が形成されます。虐待的な環境下に置かれた子どもは，大人への信頼感が希薄であったり，逆に警戒心がまったくない場合があります。また，児童養護施設等への入所に対して，「自分が悪いから」「罰だ」と認識をしている場合もあります。日々の関わりを通して人との信頼と安心の関係を築く力を子どもの中に育てることが，保育士に求められる支援です。子どもの性格やこれまでの生育環境によって，保育士には臨機応変な関わりが求められます。そのように保育士が子どもと向き合う姿を見て，子どもは信頼感を感じていくのです。

```
┌─ 子ども ──────────────────────────────┐
│ ① 安全安心な予測できる生活を送る                     │
│ ② 人との信頼と安心の関係を築く                       │
│ ③ 自己コントロール力の獲得                           │
│ ④ トラウマ体験の統合。肯定的でまとまりのある自己イメージの形成 │
│ ⑤ 問題解決能力。自分自身で選択・決定する力            │
└────────────────────────────────────┘
```

　双方に働きかける

```
┌─ 保護者 ──────────────────────────────┐
│ ① 安全な生活の提供。衣食住の世話                     │
│ ② 親との安定したアタッチメント形成                   │
│ ③ 家庭内のルールとルーティン導入。適切な指示と枠組みの提示。子どもの │
│   感情を映し出し伝える。                             │
│ ④ 子どもへの謝罪。虐待の責任を引き受ける。大事な存在と伝える。 │
└────────────────────────────────────┘
```

図Ⅷ-1　親子関係の再構築イメージ

出所：親子関係再構築支援ワーキンググループ（2014）「社会的養護関係施設における親子関係再構築支援ガイドライン」を参考に筆者作成。

（鎮　朋子）

参考文献
　平成28年度先駆的ケア策定・検証調査事業『親子関係再構築支援ハンドブック』

3　乳児院における支援

1　乳児院とは

　乳児院は，児童福祉法第37条に「乳児（保健上，安定した生活環境の確保その他の理由により特に必要のある場合には，幼児を含む。）を入院させて，これを養育し，あわせて退院した者について相談その他の援助を行うことを目的とする施設とする」と示されています。児童福祉法上の乳児とは1歳未満の子どものことを指しますが，子どもの発達の個別性に則り，おおむねの乳児院は2歳までの子どもが生活する施設となっています。保護者の疾病や就労，虐待や遺棄，または次の子の出産のため等，さまざまな理由で保護者の養育を受けられない子どもが生活する施設です。2019年10月末現在，乳児院は全国に142か所あり，約3000人の乳幼児が入所しています。

2　乳児院における保育士の仕事

　乳児院における養育は，子どもの発達に応じた個別的な関わりが基本になります。子ども一人ひとりの特性や，またこれまでの養育環境によって，子どもの発達には個人差が見られます。保育士はできるだけ子どもの発達に合わせた個別的な関わりが必要です。特に，乳児期には愛着関係を形成することがその後の発達においても重要だと考えられています。乳児院で生活する子どもにとって，愛着関係の形成に必要な「特定の養育者」とは保育士になります。子どもが保育士との間に愛着関係を形成しやすいように，日々の保育においてはできるだけ**担当養育制**をとり，決まった保育士が決まった子どものケアを行えるように配慮する取り組みが，まず第一に求められます。保育士は安全安心な環境の下，同じ保育士から同じようにケアされる機会を子どもに提供することを通して，子どもの心身の発達を助長する役割を担います。

3　乳児院で生活する子どもの状況

　乳児院を利用する子どもの入所理由は，全国乳児院入所状況実態調査（2018年）によると，「虐待」（39.7％），「家族の精神疾患」（19.4％），「経済的困難」（6.4％）となっています。一方で退所理由は「家庭引取り」（45.1％），「児童養護施設等への措置変更」（33.2％），「里親委託・養子縁組」（19.5％）となっています。

▷1　担当養育制
担当養育制とは，保育者が受けもつ子どもを決めて，できるだけその子との関わりを多くすることにより，子どもと担当養育者との間に緊密な関係性を形成することをめざす保育法。（全国乳児院福祉協議会広報・研修委員会編集（2015）『新版　乳児院養育指針』全国乳児院福祉協議会，21.）

　子どもはそれぞれの家庭が抱える課題が解決すると約半数が家庭に引き取られます。しかし，それがかなわなかった場合はそのまま児童養護施設に措置変更されて生活を続けたり，あるいは里親委託をされて里親宅で生活したり，養子縁組をして新たな家庭を形成し，生活を続ける場合などさまざまです。

④ 乳児院に入所する子どもと家族への子ども家庭支援

　乳児院では，入所中，また退所した子どもと保護者へ子ども家庭支援を行うことが義務づけられています。たとえば，保護者の出産や入院等の入所理由が明確で短期の入所の場合は，子どもと保護者の関係性が維持されるような働きかけが求められます。一方で，虐待等で保護者に養育の意思が希薄である場合などは，保護者と子どもの関係性の形成に寄与しなければなりません。たとえば，面会の際に子どもを抱いてみる，抱きながらどのように声をかけるかを保育士の姿を見ながら学び，子どもへの関わり方が変化するような機会の提供が求められます。また，子どもを遺棄したり，虐待の結果養育の意思がないことが明確な場合は，子どもの措置期限を視野に入れながら児童相談所などの各機関と連携し，児童養護施設への措置変更や，**里親**▷2委託，養子縁組の模索等，子どもにとってもっとも望ましい環境調整に尽力する必要があります。

　また，子どもが退所してからも，保護者が子どもへの関わり方で悩む場合や，子育ての負担が大きくなった場合などには，電話や面談で相談に応じたり，ショートステイ等の活用によって，保護者が子どもを養育するために必要な手立てを具体的に示すことで子ども家庭支援を行います。

⑤ 乳児院での在宅子育て家庭への子ども家庭支援

　乳児院では，児童福祉法第48条の2において「乳児院，母子生活支援施設，児童養護施設，児童心理治療施設及び児童自立支援施設の長は，その行う児童の保護に支障がない限りにおいて，当該施設の所在する地域の住民につき，児童の養育に関する相談に応じ，及び助言を行うよう努めなければならない」と定められています。つまり，地域の在宅子育て家庭への子ども家庭支援を行わなければなりません。主には電話や面談による育児相談や，デイサービスやショートステイ等を活用し，子ども家庭支援を行います。　　　　　（鎮　朋子）

▷2　里親
里親制度は，さまざまな事情で家族と離れて暮らす子どもを自分の家庭に迎え入れ養育する制度。養育里親，養子縁組里親，専門里親，親族里親等がある。詳細はⅧ-7参照。

表Ⅷ-2　乳児院への入所理由

	父・母の死亡	父・母の行方不明	父母の離婚	父母の未婚	父母の不和	父・母の拘禁	父・母の入院	父・母の就労	父・母の精神疾患	虐待	破産等の経済的理由	児童問題による監護困難	その他・不詳
2018年	17	41	43	84	65	121	86	111	708	984	200	39	521

出所：厚生労働省子ども家庭局 厚生労働省社会援護局障害保健福祉部「児童養護施設入所児童等調査の概要（平成30年2月1日現在）」より，筆者作成。

児童養護施設における支援

 児童養護施設とは

　児童養護施設は，児童福祉法第41条で「保護者のいない児童（乳児を除く。ただし，安定した生活環境の確保その他の理由により特に必要のある場合には，乳児を含む。以下この条において同じ。）虐待されている児童その他環境上養護を要する児童を入所させて，これを養護し，あわせて退所した者に対する相談その他の自立のための援助を行うことを目的とする施設とする」と定められています。つまり，保護者が養育できない18歳までの子どもが生活する施設です。乳児院の多くは２歳ごろまでの入所となるので，児童養護施設には２歳から18歳までの子どもが生活することになります。子どもたちは安定した生活環境のもと，それぞれに学校に通い，児童養護施設において生活指導や学習指導を受けながら，家庭との調整も支援されます。2019年10月時点では全国に609か所あり，約２万5500人の子どもが生活しています。

2　児童養護施設における保育士の仕事

　児童養護施設における保育士の仕事は，子どもの生活全般を支援することです。在籍する子どもは幼児から高校生までと子どもの年齢は幅広く，生活面（食事，入浴，余暇の過ごし方等）への関わりに加えて，小学生以上であれば学習面（宿題の確認，勉強に支援が必要な場合の取り組み等）も関わります。学校での行事の際にも親代わりとして参加し，子どもの生活を見守ります。また，子どもと保護者の関係再構築のための支援も行いますし，地域の子育て家庭への子ども家庭支援も行いますので，児童養護施設の保育士の仕事は対象と内容が多岐にわたっています。

3　児童養護施設で生活する子どもの状況

　児童養護施設に入所する子どもの入所理由は，厚生労働省の児童養護施設入所児童等調査結果（2018年度）によると「虐待」（45.2％），「父・母の精神疾患」（15.6％）が多くを占めます。特に「虐待」が入所理由の半数近くを占めることは注目すべきことで，多くの子どもが何らかの傷ついた経験を有して入所してきます。虐待というのは保護者による加害であり子どもは被害者です。しかし，虐待の事実が確認され家庭から引き離されて施設での生活を送ることになるの

は子どもですので，環境変化に伴う子どもの心理的な影響へは丁寧な対応が求められます。

　また，児童養護施設の規模もさまざまで，大舎制（20人以上），中舎制（13〜19人），小舎制（12人まで）とあります。近年ではより家庭的な環境で子どもを養育するために，児童養護施設外の住宅で施設従事者と子ども（定員6名）が生活する地域小規模児童養護施設の設置も推進されています。子どもにはできるだけ家庭的な環境のもと，児童養護施設での生活に見通しをもって過ごせるように支援することが望まれます。

④ 児童養護施設に入所する子どもと家族への子ども家庭支援

　児童養護施設では，子どもが安定した日常を過ごせるように支援するのが何よりも大事です。子どもの年齢や性格，発達や抱える課題によっても関わり方には違いが生じますので，子どもの様子を把握しながら関わることが必要です。また虐待の経験を有している子どもは，感情の表し方や人間関係の取り方に課題がある場合があります。そのような場面に丁寧に関わり，子どもの思いに耳を傾けることは子どもへの支援になります。

　また保護者にとっては，子どもが新しい環境で安定して生活できていることが何よりの支援になります。その上で，子どもとの関係構築の支援が必要です。子どもが入所したときの親子関係を見ながら，面接から外出，外泊へと頃合を見ながら段階的に進めることが求められます。また，子どもを家庭で引き取るために必要な住環境や就労状況など，細かな生活面への支援も必要な場合があります。電話や面会等からはじめ，少しずつ親子が過ごす時間を長くしていき，親子の状態を見守りながら親子関係の再構築に向けた息の長い支援が必要で，**家庭支援専門相談員**の役割が期待されています。

⑤ 児童養護施設での在宅子育て家庭への子ども家庭支援

　児童養護施設では，児童福祉法第48条の2において「乳児院，母子生活支援施設，児童養護施設，児童心理治療施設及び児童自立支援施設の長は，その行う児童の保護に支障がない限りにおいて，当該施設の所在する地域の住民につき，児童の養育に関する相談に応じ，及び助言を行うよう努めなければならない」と定められています。地域の在宅子育て支援家庭に門戸を開き，子ども家庭支援を行わなければなりません。特に子育ての悩みに対しては児童養護施設の専門性を活かした電話や面談での相談が可能です。また子育てが辛いときにはショートステイの活用も可能です。地域の人々を児童養護施設のイベントに招くなど，児童養護施設を知ってもらい，相談しやすい地盤を作る働きかけも必要です。

（鎮　朋子）

▷1　家庭支援専門相談員
児童福祉施設の設備及び運営に関する基準第42条等において，児童養護施設や乳児院，児童心理治療施設，児童自立支援施設に配置が義務付けられている。児童の保護者等に対し，児童相談所との密接な連携のもとに電話，面接等により児童の早期家庭復帰，里親委託等を可能とするための相談援助等の支援を行う。

5 母子生活支援施設における支援

1 母子生活支援施設とは

　母子生活支援施設は，児童福祉法第38条において「配偶者のない女子又はこれに準ずる事情にある女子及びその者の監護すべき児童を入所させて，これらの者を保護するとともに，これらの者の自立の促進のためにその生活を支援し，あわせて退所した者について相談その他の援助を行うことを目的とする施設とする」と定められています。1998（平成10）年の児童福祉法改正により，「母子寮」から「母子生活支援施設」に名称が改称されました。またその目的も，「自立の促進のためにその生活を支援し」として，「保護する」から「保護するとともに，生活を支援する」と改正されています。入所の対象となるのは母子であり，母親と子どもが一緒に生活できる児童福祉施設です。

　死別・離婚・非婚出産による母子家庭だけでなく，配偶者からの暴力から逃れるために避難が必要であったり，離婚が未成立であったり配偶者が離婚に応じない状況にある場合にも，実質的に母子家庭であれば母子生活支援施設の対象となります。このように何らかの事情で支援の必要な母子に，安全で安心な生活環境を提供し，親子関係の再構築や生活の建て直しを目指すものです。2019年10月末時点で219施設，8059人の母子が利用しています。

2 母子生活支援施設の保育士の仕事

　母子生活支援施設には母子支援員という専門職が配置されます。これらは保育士資格や社会福祉士資格を有し，要件に該当すれば任用されます。つまり母子生活支援施設においては，保育士は母子支援員という立場で母と子を支援することになります。仕事としては，母子の生活場面に関わりながら，具体的な支援を行うことです。母親に対しては日常生活の切り盛りの仕方や就労支援，子育ての支援が主なものです。子どもに対しては育ちを支える保育支援や学びを支える学習支援があげられます。

3 母子生活支援施設で生活する子どもと保護者の状況

　母子生活支援施設を利用する理由の第一には，夫等からの暴力，いわゆるDV[1]があげられます。これは母子生活支援施設に入所する理由の半分以上を占めており，その深刻さがうかがえます。次いで住宅事情，経済的理由と続きま

す。

　DV は配偶者（事実婚，元配偶者含む）からの暴力ですが，これは被害者には心身へのダメージを与えますし，子どもにとっては夫婦間の争いを見せられることは心理的虐待を受けていることになります。母子生活支援施設を利用する母子は，何らかの暴力の被害にあってきた割合が高く，まずは安心な場所に身を置き生活を安定させ，自尊心や自己肯定感の向上を図る必要があります。

④　母子生活支援施設に入所する子どもと家族への子ども家庭支援

　母子生活支援施設の特徴は，母と子が一緒に生活をしていること，つまりは家族を対象とした支援を行いやすいことです。母子生活支援施設への入所理由の5割が，配偶者からの暴力（いわゆる DV）です。つまり，配偶者の感情に左右される不安定な環境下で生活をしていたことになります。母子生活支援施設で生活することで，まずは暴力に脅かされない安心した生活を築けるような支援が必要です。その次に，将来の自立を目指して，就労支援や養育支援を行います。規則ただしい生活リズムで生活し，決まった時間に仕事に行くことを支援する必要がある場合もあります。

　また，子どもへの関わり方が暴言や無関心など不適切な状況がある場合は，適切な関わり方の手本を示すことが可能です。生活施設の強みは，その場にいて直接的に支援が行えることにありますので，より具体的な支援が望めます。また，DV 等の被害を受けていた場合は，これまでの辛さに耳を傾けることも大事な支援になります。同時に子どもも虐待の被害者になりますので，場合によっては心理療法のような専門的な支援が必要な場合もあります。このように，個々の家族に応じた支援が求められるのです。

⑤　母子生活支援施設での在宅子育て家庭への子ども家庭支援

　児童福祉法第48条の2「乳児院，母子生活支援施設，児童養護施設，児童心理治療施設及び児童自立支援施設の長は，その行う児童の保護に支障がない限りにおいて，当該施設の所在する地域の住民につき，児童の養育に関する相談に応じ，及び助言を行うよう努めなければならない」と定められています。母子生活支援施設には子育てに必要な知識のある専門職や環境が備わっています。その環境を生かして，ショートステイやトワイライトステイ，学童保育の実施をし，地域の子育て世帯への支援を行っています。他にも電話相談を実施し，地域で生活する母と子を支援できるような体制を整えています。

（鎮　朋子）

▷2　ショートステイとトワイライトステイについては，Ⅵ-4 参照。

障害児福祉事業を利用する家庭への支援

 障害のある子どもを対象とした福祉サービス

　児童福祉法に基づく障害のある子どもを対象とした福祉サービスは，表Ⅷ-3のように，障害児通所支援と障害児入所支援の2種類に大別されます。ここでは，障害児通所支援の児童発達支援や医療型児童発達支援を提供する児童発達支援センターを中心に説明します。

表Ⅷ-3　児童福祉法に基づく障害児支援の体系

障害児通所支援	児童発達支援	日常生活における基本的な動作の指導，知識技能の付与，集団生活への適応訓練などの支援を行う。
	医療型児童発達支援	日常生活における基本的な動作の指導，知識技能の付与，集団生活への適応訓練などの支援及び治療を行う。
	放課後等デイサービス	授業の終了後又は休校日に，児童発達支援センター等の施設に通わせ，生活能力向上のための必要な訓練，社会との交流促進などの支援を行う。
	居宅訪問型児童発達支援	重度の障害等により外出が著しく困難な障害児の居宅を訪問して発達支援を行う。
	保育所等訪問支援	保育所，乳児院・児童養護施設等を訪問し，障害児に対して，障害児以外の児童との集団生活への適応のための専門的な支援などを行う。
障害児入所支援	福祉型障害児施設	施設に入所している障害児に対して，保護，日常生活の指導及び知識技能の付与を行う。
	医療型障害児施設	施設に入所又は指定医療機関に入院している障害児に対して，保護，日常生活の指導及び知識技能の付与並びに治療を行う。

出所：厚生労働省 HP「障害児支援施策の概要」より作成。

 児童発達支援センター

　児童発達支援センターは，児童福祉法第43条で「次の各号に掲げる区分に応じ，障害児を日々保護者の下から通わせて，当該各号に定める支援を提供することを目的とする施設」と定められています。

　施設種別は2つあり，福祉型児童発達支援センターとは，知的障害のある子どもや難聴児等を対象とし，日々家庭から通う施設のことです。子どもの障害の程度や発達の状況に合わせた専門的な訓練や療育を行うことで，子どもの特性に見合った心身の発達を助長します。

　医療型児童発達支援センターとは，医療的なケアを必要とする手足や体幹等（肢体）に機能障害が生じている子どもを対象とし，日々家庭から通う施設のことです。子どもの障害の程度や発達の状況に合わせた専門的な訓練や療育を行

うことで，子どもの特性に見合った心身の発達を助長します。

③ 障害児福祉事業を利用する子どもと家族への子ども家庭支援

　わが子が障害を有していることを保護者が受容するには，さまざまな段階を経ると考えられています。頻繁に引用される受容過程として，ドローター（D. Drotar）の先天性奇形を有する子どもの親の反応を段階的に示したものがあります。これは，親はまず「ショック」を受け，次にその事実を「否認」しようとします。次に「悲しみと怒り」が沸いてきて，やがて現状への「適応」に向かい，現状を認めそのなかでできることをしようとする「再起」の時期が訪れると5段階に分類して説明しています。

▷1　Drotar, D. et al. (1975) The adaptation of parents to the birth of an infant with a congenital malformation: A hypothetical model. *Pediatrics*, 56(5), 710-717.

▷2　Ⅴ-4 も参照。

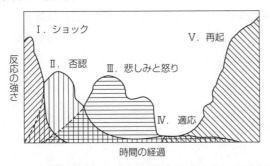

　　Ⅰ. ショック
　　Ⅴ. 再起
　反応の強さ
　　Ⅱ. 否認　Ⅲ. 悲しみと怒り
　　Ⅳ. 適応
　　時間の経過

図Ⅷ-2　先天性奇形をもつ子どもの誕生に対する親の正常な反応

出所：Drotar et al. (1975).

　子どもの障害を受容することは，簡単なことではありません。たとえ児童発達支援センターに子どもを通所させていても，保護者が子どもの障害を受容できているとは限りません。子どもの障害を受容し，適応や再起に至る期間は人それぞれです。保育者は自身の価値観を押し付けることなく，保護者に寄り添う姿勢が求められます。どのような状況でも，子どもは日々成長します。子どもの日々の変化や発達を伝えながら，保護者の揺れに寄り添い，子ども一人ひとりの育ちを伝え続けることが大事な支援になります。

　また，近年では障害児のきょうだいへの支援も注目されています。障害児のきょうだいは保護者への遠慮や負担軽減を考え，自身の思いを表出しない傾向があるとも考えられています。保護者と障害児だけに着目するのではなく，広い視野で家族全体への支援を考えることが必要です。

④ 障害児福祉事業での在宅子育て家庭への子ども家庭支援

　児童発達支援センターでは，地域の子育て家庭への子育てにも貢献しています。電話相談では，子どもの発達について気がかりな悩みの相談を受けるなど，その施設の特性と保育士の専門性に基づいた支援が展開されています。保護者の障害受容への道筋に留意し，保護者に寄り添った支援が求められます。

（鎮　朋子）

里親への子ども家庭支援

 里親とは

　里親とは，里親制度に則り，社会的養護の必要な子どもを里親自身の自宅に引き取り養育することです。1948年に児童福祉法に基づき創設されました。児童福祉法では第3条の2において，「国及び地方公共団体は，児童が家庭において心身ともに健やかに養育されるよう，児童の保護者を支援しなければならないこと，…中略…児童を家庭及び当該養育環境において養育することが適当でない場合にあっては児童ができる限り良好な家庭的環境において養育されるよう，必要な措置を講じなければならない」と規定されています。この考えは家庭的環境での養育の重要性を示しており，この観点に基づき里親制度が推進されています。

　さらに，児童福祉法の第6条の4では「里親とは，要保護児童を養育することを希望する者で，一定の研修を修了した者（省略）」とされています。里親は，子どもが好き，子どもを育てたいという思いだけではなく，一定の研修を受け里子を迎え入れる準備をしなくてはなれません。里親には養育里親，専門里親，親族里親，養子縁組里親の種類があります。また，小規模住居型児童養育事業（ファミリーホーム）という形態での養育も行われています。

2　里親の役割

　里親制度は1948年から開始されていますが，日本では長らく施設養護が推進されており，里親の利用率は低いのが現状です。社会的養護を必要とする子どもの9割程度が施設養護を受けるのに対し，里親委託される子どもは1割程度です。増え続ける児童虐待と施設養護の数的限界，傷ついた子どもの回復にはより家庭的な養育が望ましい等のさまざまな理由から，政府は2011年から方針転換し，里親制度のより積極的な活用が推進されています。

　里親制度と施設養護の違いは，児童養護施設は小規模化が進んでいるとはいえ集団規模が大きく違います。里親は家庭の中での子育てになりますので，子どもの人数も限定され，より密接な人間関係が築けると考えられています。特に虐待等で傷ついた子どもたちには，愛着形成が未熟な場合があります。子どもたちは安定した環境で愛着を再構築することが必要になりますが，里親家庭のような小規模な集団であれば，愛着形成に必要な特定の大人との関係性が築

きやすいと考えられます。このように生活経験を通して愛着の構成や生活技術を獲得するように支援するのが里親の役割であるといえます。

3　里親家庭への子ども家庭支援

　里親になるには，まず地域の児童相談所に連絡・相談し，里親相談会に参加し里親について知ることから始まります。その後，担当従事者と面談や家庭の調査を受けて里親としてふさわしいかを検討されつつ，並行して里親になるための研修を受けます。その後，知事から里親として認定され，子どもとのマッチングが始まります。里親になるためには審査がありますが，これは子どもにとって不利益な事態にならないよう，慎重に調査が進められるからです。また並行して，子どもを育てることについての研修を受けます。

　自分の子どもを育てた経験があっても，里親としての子育てはまた別のものです。たとえば，乳児であれば里親を親と思って育つこともできますが，物心ついた年齢の子どもの場合，里親をおとうさんと認識するのかおじさんと認識するのか，またどのように子どもに伝えるかなど，勝手がわからないことに出会います。このように子どもとのかかわり方や，試し行動，赤ちゃんがえり，虐待経験のある子どもの特性や関わり方など，里親として子どもを育てる上で悩んだり迷ったりする事態に直面します。そのようなときに児童相談所の従事者や**家庭養護促進協会**の従事者はもちろん，地域の保育所や幼稚園等に相談することで子ども家庭支援を受けることができます。

　2012年から，里親委託の推進・里親家庭への支援を充実させるための具体的な方策として，全国の児童養護施設及び乳児院に**里親支援専門相談員**を配置する方針を示しました。業務としては里親家庭への訪問や電話相談や週末里親等の調整や研修会の参加など多岐にわたりますが，子どもにとって里親家庭がよりよいものとなるように子ども家庭支援を行っています。

> **▷1　家庭養護促進協会**
> 児童相談所と連携し，さまざまな事情で保護者による養育が困難な子どもに里親家庭を探す活動を行っている民間児童福祉団体。他にも里親への研修や支援，啓発活動等を行っている。

> **▷2　里親支援専門相談員**
> 業務内容は，里親の新規開拓，里親に対する研修，所属施設の入所児童の里親委託の推進や，里親家庭への訪問や電話相談，レスパイト・ケアなどによる退所児童のアフターケアとしての里親支援，所属施設からの退所児童以外を含めた地域支援としての里親支援を行っている。また，里親サロンの運営や，里親会への参加なども行っている。

表Ⅷ-4　里親委託の原則

> 1．特定の大人との愛着関係の下で養育されることにより，自己の存在を受け入れられているという安心感の中で，自己肯定感を育むとともに，人との関係において不可欠な，基本的信頼感を獲得することができる
> 2．里親家庭において，適切な家庭生活を体験する中で，家族それぞれのライフサイクルにおけるありようを学び，将来，家庭生活を築く上でのモデルとすることが期待できる
> 3．家庭生活の中で人との適切な関係の取り方を学んだり，身近な地域社会の中で，必要な社会性を養うとともに，豊かな生活経験を通じて生活技術を獲得することができる

出所：「里親委託ガイドライン」より。

（鎮　朋子）

参考文献
　厚生労働省（2011）『里親委託ガイドライン』．

社会的養護を要する家庭への支援における課題

 児童福祉施設に求められる子ども家庭支援機能

　乳児院や児童養護施設などの入所型施設の役割のひとつは，家庭の代替機能です。児童福祉法は1947年の戦後間もない頃にできました。その頃の町には戦災で家や保護者を失った浮浪児が多く存在し，その子どもたちに家庭の代わりとなる場所を提供することが必要でした。その頃から70年超を経過した現在では，社会的養護を要する子どもたちのほとんどには保護者が存在しています。家族の再統合を目指す社会的養護の現状においては，施設従事者はその家族との関係調整も行うことが求められます。子どもの衣食住や学習を支え，時には子どもの思いに耳を傾ける，子どもの安心できる家庭としての機能を満たしながら，子どもの家族との調整を行う子ども家庭支援機能が必要です。

 家族との交流〜家族の再統合

　家族との交流関係について，2018年度に厚生労働省子ども家庭局が実施した「児童養護施設入所児童等調査の概要」によると，「交流なし」の割合は，里親で70.3%，児童養護施設で19.9%，乳児院で21.5%となっています。さらに施設入所児童では「交流あり」のうち「一時帰宅」の割合が比較的高く，児童養護施設で33.8%となっていますが，乳児院では「面会」の割合が多く，55.3%となっています。社会的養護においては家庭復帰が最終目標ではありますが，そこにいたる道筋は生半可なものではないといえます。

　施設で生活しながら家族と交流するには，電話や手紙・メール，面会，一時帰宅（外泊）等の手段があります。保護者の状況や家族の状態によって交流手段はさまざまですが，どのような方法でも保護者との交流を継続することは大切です。交流することで子どもが見捨てられたという思いを抱かないように，また保護者自身が変わろうと努力している姿を伝えることは，家族の再統合にとって意味があります。施設での生活が始まった当初は，子ども自身が新しい環境に慣れるために交流そのものの頻度は高くはありません。しかし，子どもが施設での生活に慣れてくると，電話や手紙等の非対面の手段を用いて交流が開始されます。手紙や電話を通して交流を図り，施設従事者は保護者の状態や子どもの思いを聞き取りながら，次のステップへと進めていきます。やがては面談につなげたり，場合によっては外泊につながる場合もあります。たとえば，

虐待が原因で施設入所をした場合，子どもにも保護者にもそれぞれの思いがあります。保護者が子どもと面会をしたいと思っても，子どもにとっては受け入れがたい場合もあります。このように，施設従事者は子どもと保護者の仲介役をしながら，交流を進めていく役割を担っています。家族の再統合は，ともに生活できることを目指すのではありません。離れて暮らしていても，親として子どもとして，それぞれの存在を尊重しあう関係性を築くことです。

③ 社会的養護を要する家庭への支援における課題

　まず，家族の再統合に向けて，保護者が虐待以外の方法で子育てができるように**ペアレントトレーニング**を活用するなどの方法が求められます。また，子どもが自身の親子関係を整理できるように，継続した受容的な支援が必要です。
　次に，子どもにより家庭的な環境を提供するために，施設の小規模化が課題になります。人数規模が小さければそれだけ施設従事者の目が届き，関係性が深まりやすくなります。そのためには同時に従事者の確保も必要になり，施設従事者の職務内容を広め，就職につなげることも大切な課題です。
　また，施設入所児童の入所理由の50％超が虐待であるということは，それだけ複雑な事情を抱えた子どもが多いということであり，専門的知見に裏付けられた関わりが必要になります。なんらかの障害を有している子どももおり，複雑化する子どもの課題に対応すべく，より一層の専門性の向上が求められます。
　最後に，自立支援とアフターケアが挙げられます。児童養護施設は18歳まで在籍ができましたが，措置延長することで20歳まで在籍できることになりました。施設従事者は，子どもが自立した後も生活の相談にのることで自立を支援します。就職や進学で自立し，頼れる大人に相談したい場面では，施設従事者を頼りにすることが考えられます。また，子どもを引き取った保護者にも，子どもとのかかわり方を提示し支援することが求められます。子どもを引き取っても，それがゴールではありません。これまで一緒に住んでいない関係性でいたものが同居することで新たなストレスが発生する可能性も考えられます。施設従事者はさまざまな事態を想定しながら子ども家庭支援を実践することが必要です。

（鎮　朋子）

▷1　ペアレントトレーニング
もともとは障害のある子どもへの理解と対応のために発案されたが，その後，子ども家庭支援分野でも応用された家族の関係変容のための手法。親へ働きかけをすることで，子どもの行動に上手く対処する方法を身につけること，親子間のポジティブなコミュニケーションスキルを獲得することを目的としている。

表Ⅷ-5　家族との交流関係別児童割合

| | 交流あり | | | 交流なし | 不　詳 | |
	電話・メール・手紙	面　会	一時帰宅			
里　親	4.2%	17.2%	6.7%	70.3%	1.7%	100.0%
児童養護施設	9.0%	28.8%	33.8%	19.9%	8.5%	100.0%
乳児院	3.4%	55.3%	14.1%	21.5%	5.7%	100.0%

出所：厚生労働省子ども家庭局　厚生労働省社会援護局障害保健福祉部「児童養護施設入所児童等調査の概要（平成30年2月1日現在）」より，筆者作成。

保育所等における子ども家庭支援の政策的経過

▷1　子育ちや子育てを取り巻く環境の変化について詳細はⅡ参照。

1 子ども家庭支援の政策が必要となった背景

　社会状況の変化により，家族の形態や地域とのつきあい方も変わり，子育ての不安や孤立化，児童虐待，働き方の変化や子育てと就労の両立の困難等，子育てに関わる課題が生じやすく，福祉ニーズも多様化しました。子育ては私的なものとしてきた従来の子育てに対する考え方そのものの転換も必要となり，子育て支援サービスの選択肢を増やすこと，継続的な就労を支えるための保育の受け皿を増やすこと，保育相談支援のための技術など専門的な援助方法も変化を求められることに結びついていきました。日本における少子化対策のこれまでの取り組み（図Ⅸ-1）のうち，特に重要な経緯をみていくことにします。

2 1.57ショックを契機とした少子化対策

　先述の社会状況を背景に，合計特殊出生率が史上最低となった1989年の1.57ショックを契機として国は少子化対策に乗り出し，保育サービスの拡充や子育てと仕事の両立支援等，「子どもを産み育てやすい環境の整備」をめざした政策がとられました。そのための国の計画が5か年ごとに策定されました。

▷2　計画についてはⅨ-5参照。

　「エンゼルプラン」では，子育てを夫婦や家庭だけの問題と捉えるのではなく，国や地方公共団体をはじめ，企業・職場や地域社会も含めた社会全体で子育てを支援すること，政府部内において概ね10年間に取り組むべき基本的方向と重点施策を定め，総合的・計画的に推進することをねらいとしました。エンゼルプランの施策の具体化の1つとして緊急保育対策等5か年事業が策定され，多様な保育サービスの充実や地域子育て支援センターの整備等が進展しました。

　その後も少子化は進行し，厚生省（当時）の人口問題審議会は，1997年10月に「少子化に関する基本的考え方について―人口減少社会，未来への責任と選択―」という報告書を取りまとめ，少子化の影響，原因とその背景を総合的に分析し，少子化への対応の必要性を示しました。「平成10年版厚生白書」（1998年6月）は先の報告書を踏まえ，少子化が進行した20世紀後半の日本社会の変化を振り返り，「子どもを産み育てることに夢を持てる社会」の実現に向けて，自立した個人の生き方を尊重し，お互いを支え合う家族，自立した個人が連帯しあう地域，多様な生き方と調和する職場や学校の姿を展望しました。こうした審議会や白書を通じて，一般の少子化やその対応への関心が高まっていきます。

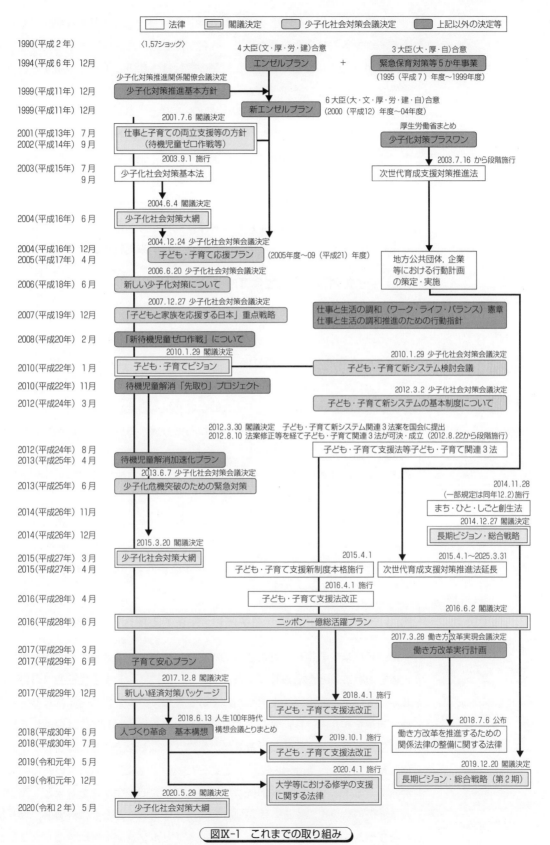

図IX-1 これまでの取り組み

出所：内閣府『令和2年版 少子化社会対策白書』，61-62.

　1998年「少子化への対応を考える有識者会議」による「夢ある家庭づくりや子育てができる社会を築くために」提言が出され，1999年に少子化対策推進基本方針が決定されました。少子化対策の趣旨は，仕事と子育ての両立の負担感や子育ての負担感を緩和・除去し，安心して子育てができるようさまざまな環境整備を進め，家庭や子育てに夢や希望をもつことができる社会にしようとすることであるとしました。その重点施策の具体的実施計画が「新エンゼルプラン」です。保育サービス等子育て支援サービスの充実に加え，仕事と子育ての両立のための雇用環境整備や母子保健等が盛り込まれました。

　ミレニアム・ベビーと呼ばれた2000年の出生数と合計特殊出生率は，前年を若干上回りましたが，2001年に再び漸減に転じ，将来推計人口における合計特殊出生率が下方修正されるなど，少子化が進展する見通しが示されました。

③　少子化対策から次世代育成支援へ

　2002年に少子化対策の一層の充実に関する提案として「少子化対策プラスワン」が取りまとめられました。従来の取り組みが保育施策中心であったことから，「男性を含めた働き方の見直し」「地域における子育て支援」「社会保障における次世代支援」「子どもの社会性の向上や自立の促進」という4つの柱に沿って，社会全体が一体となって総合的な取り組みを進めることとされました。

　2003年3月には，少子化対策推進関係閣僚会議において「次世代育成支援に関する当面の取組方針」を決定しました。基本的な考え方として，家庭や地域の子育て力の低下に対応し，次世代を担う子どもを育成する家庭を社会全体で支援（次世代育成支援）することにより，子どもが心身ともに健やかに育つための環境を整備することを掲げました。この取り組み方針をもとに次世代育成支援対策推進法が制定されました。同年，「社会連帯による次世代育成支援に向けて─次世代育成支援施策の在り方に関する研究会報告書」が出され，「社会連帯による子どもと子育て家庭の育成・自立支援」を基本理念としました。

④　新しい少子化対策から子ども・子育て支援へ

　2003年には少子化社会対策基本法が成立しました。急速な少子化の進展に歯止めをかけることが求められているという認識に立ち，少子化社会において講じられる施策の基本理念を明らかにするとともに，少子化に的確に対処するための施策を総合的に推進することを目的としました。2004年には少子化社会対策会議を経て，少子化社会対策大綱が決定されました。同年に総務省は「少子化対策に関する政策評価」を公表しました。少子化社会対策大綱の具体的実施計画である子ども・子育て応援プランは，新エンゼルプランを対象としたこの政策評価の結果をふまえ，国が地方公共団体や企業等とともに計画的に取り組む必要がある事項を定めました。従来のエンゼルプランや新エンゼルプランと

は異なり、子育て支援事業や要保護児童対策にかかる整備目標が示され、次世代育成支援地域行動計画との整合性が図られました。

2005年の合計特殊出生率が1.26となり、予想以上の少子化の進行に対し少子化対策の抜本的な拡充、強化、転換を図るため、2006年少子化社会対策会議において「新しい少子化対策について」が決定され、家族・地域のきずなの再生や社会全体の意識改革を図るための国民運動の推進、子どもの年齢進行ごとの子育て支援策を掲げました。2007年には少子化社会対策会議が「子どもと家族を応援する日本」重点戦略をまとめ、親の就労と子どもの育成の両立と家庭における子育てを包括的に支援する仕組みの構築に同時並行的に取り組んでいくことが必要不可欠であるとされ、就労と子育ての両立については「仕事と生活の調和（ワーク・ライフ・バランス）憲章」及び「仕事と生活の調和推進のための行動指針」を決定しました。

2010年に少子化社会対策大綱である「子ども・子育てビジョン」が閣議決定され、子どもと子育てを応援する社会を目指し、周辺の重要政策と一体的に取り組み、社会全体で子ども・子育てを支える仕組みを整備することを求めました。ここで政策の観点が大きく変わり、従来の「少子化対策」から「子ども・子育て支援」へ転換し、子どもを主役と捉えて社会全体で支援する枠組みの構築をめざしましたが、出生数は減少し続け、かえってニーズの掘り起こしが進みました。

2012年3月には、「子ども・子育て新システムに関する基本制度」を少子化社会対策会議において決定し、政府は社会保障・税一体改革関連法案として子ども・子育て支援法等の3法案を同年通常国会に提出し、成立し、2015年度に子ども・子育て支援新制度が本格施行されました。2013年4月「待機児童解消加速化プラン」を策定し、2013、2014年度を「緊急集中取組期間」、2015から2017年度までを「取組加速期間」として待機児童解消を目指しました。2013年6月には、少子化社会対策会議において「少子化危機突破のための緊急対策」が決定され、これまで少子化対策として取り組んできた「子育て支援」及び「働き方改革」をより一層強化し、結婚・妊娠・出産・育児の「切れ目ない支援」の総合的な政策の充実・強化を目指すこととされました。

2014年に閣議決定した骨太方針2014では、人口急減・超高齢化が今後の日本経済の課題の大きな項目の一つとされ、「少子化対策」も重点課題として取り組みの方針が示されました。そのなかで新たな少子化社会対策大綱を2014年度内に策定するとされ、2015年に子ども・子育てビジョンを引き継ぐ大綱を閣議決定しました。子育て支援施策の一層の充実、若い年齢での結婚・出産の希望の実現、多子世帯へ一層の配慮、男女の働き方改革、地域の実情に即した取り組み強化の5つを重点課題として数値目標を示し、施策を推進しました。2020年5月には、新たな少子化社会対策大綱が決定されました。　　（佐藤まゆみ）

保育所以外の児童福祉施設における子ども家庭支援の政策的経過

 ## 在宅で育つ子どもへの支援の必要性

　子どもと子育て家庭を取り巻く社会的状況からさまざまな困難が顕在化し，子育てネットワークをはじめとする子育て支援システムの整備が必要となりました（詳細は IX-1 参照）。3歳未満児の場合，半数以上は保育所等を利用せずに家庭で過ごしています（表IX-1）。定期的に保育所等の支援を利用していない子育て中の保護者・子どもは，適切な支援や助言を受ける機会が得られにくい状態ともいえます。このように，地域の在宅子育て家庭への相談や具体的な支援の充実は大きな課題のひとつとなっています。以下，保育所等を利用していない子どもと家庭に対する子ども家庭支援の経緯をみていきます。

表IX-1　年齢区分別の保育所等利用児童の割合（保育所等利用率）

	令和2年4月	平成31年4月
3歳未満児（0～2歳）	1,109,650人（39.7%）	1,096,250人（37.8%）
うち0歳児	151,362人（16.9%）	152,780人（16.2%）
うち1・2歳児	958,288人（50.4%）	943,470人（48.1%）
3歳以上児	1,627,709人（55.4%）	1,583,401人（53.7%）
全年齢児　計	2,737,359人（47.7%）	2,679,651人（45.8%）

注：保育所等利用率：当該年齢の保育所等利用児童数÷当該年齢の就学前児童数。
出所：厚生労働省（2020）「保育所等関連状況取りまとめ（令和2年4月1日）」，4.

子ども家庭支援政策の経緯

○子育て支援事業が法定化されるまで

　もともと子育て家庭を支援する施策は，在宅の子育て家庭に届く施策が少なかったため，子育てサークルなど母親自身の相互支援活動として取り組まれたとされています。1987年に保育所機能強化推進費の予算措置がなされ，園庭開放等の取り組みが始まり，その一部は1995年の地域子育て支援センターの取り組みにつながりました。

　地域子育て支援サービスとしては，就労形態の多様化に対応する一時的な保育や，専業主婦家庭等の緊急時の保育等に対する需要に対応するため，一時保育促進事業を1990年度から実施していました。1993年度から地域の子育て家庭に対する育児支援を行うため，保育所において地域の子育て家庭等に対する育児不安についての相談指導，子育てサークル等への支援を行う地域子育て支援

センター事業を実施し，拡充しました。1997年には保育所の子育て支援が努力義務化され，2001年には保育士の法定化と子育て支援業務を規定しました。2002年度から，概ね3歳未満の乳幼児とその保護者が気軽に集まり，相談や情報交換，交流できる「つどいの広場」事業を実施しました。つどいの広場は，NPOなど多様な主体により，公共施設の余裕空間等を活用して身近な場所での設置を推進し，2004年度には大幅拡充を図りました。

○子育て支援事業の法定化へ

子育て支援の初期は，地域子育て支援の担い手が少なかったため，保育所が中心となって子育て支援機能を提供してきたともいえます。平成初期に着手された少子化対策では，保育所の定員弾力化や受け皿の拡充，つまり施設型のサービス充実に重点が置かれていたため，在宅子育て家庭のための子育て支援サービスの整備は遅れていました。社会状況から保育所に多くの利用希望が寄せられた結果，待機児童問題が生じ，一方では在宅子育て家庭の負担感は大きくなりました。

2003年には子育て支援事業が改正児童福祉法に法定化され，社会福祉法上の第二種社会福祉事業となりました。在宅子育て家庭のために法定化されたサービスとして，居宅における支援，短期預かり支援，相談・交流支援があり，市町村は実施責務を負いました。市町村及び都道府県の次世代育成支援行動計画に位置づけられ，実効性のある取り組みが期待されました。

2008年には子育て支援事業をさらに充実させる児童福祉法の改正が行われ，乳児家庭全戸訪問事業，一時預かり事業，地域子育て支援拠点事業，養育支援訪問事業を新たに法定化しました。2002年に子ども・子育て支援法制定に伴い児童福祉法も改正され，さらに利用者支援事業，子育て援助活動支援事業（ファミリー・サポート・センター事業）が法定化され，市町村を中心とした子育て支援サービスの利用に結びつくための支援を展開しました。

2015年に施行された子ども・子育て支援制度には，地域子ども・子育て支援事業として13事業があります。[注]地域子育て支援拠点事業は，地域子育て支援センターやつどいの広場，児童館が担ってきたものを再編し機能強化しました。特に地域機能強化型の拠点は利用者支援（事業）と地域支援も行います。

子どもと保護者に身近なところで子育てに関する相談にのり，ニーズに合わせた支援のコーディネートをはじめ，要保護児童の支援にノウハウをもつ児童養護施設や児童家庭支援センター等の相談，ソーシャルワーク機能や子育て短期支援事業の活用等を図る必要があると考えられます。子ども家庭支援の充実は，保護者のニーズに応えることができますが，子どもの最善の利益を考慮するためには，子ども家庭支援が誰のための何のための支援であるかを丁寧に考え，意識しながら実践する必要があります。 （佐藤まゆみ）

▷1 子ども・子育て支援法第59条に規定されている。詳細は，VI，VII-2参照。

参考文献

厚生労働省（2018）『平成30年版厚生労働白書』.

厚生労働省（2018）『平成30年福祉行政報告例の概況』.

内閣府（2004-2019）『少子化社会対策白書』各年版.

内閣府「子ども・子育て支援新制度について（令和元年6月）」.

3　子ども家庭支援に関わる条約

1　子どもの権利条約

▶1　日本は1990年に署名
したが，児童福祉法等国内
法整備に時間を要し，1994
年に批准国となった。日本
を含め194か国が条約の実
行や進捗状況を報告すべき
義務を負う締約国である。

1924年　ジュネーブ宣言を
　　　　採択（国際連盟）
1948年　世界人権宣言
1959年　児童の権利に関す
　　　　る宣言
1978年　ポーランドより国
　　　　連人権委員会に条約の草
　　　　案提出
1979年　国際児童年
1989年　児童の権利に関す
　　　　る条約を採択（国際連合）
1994年　条約を批准（日本）

▶2　受動的権利
受動的権利とは「義務を負
うべき者から保護や援助を
受けることによって効力を
持つ権利」である。（網野
武博（2002）『児童福祉学』
中央法規出版，80.）

▶3　能動的権利
能動的権利とは「人間とし
て主張し行使する自由を得
ることによって効力を持つ
権利」である。（網野武博
（2002）『児童福祉学』中央
法規出版，80.）

　正式名称は「児童の権利に関する条約」です[※1]。条約は全54条で，児童は「18歳未満のすべての者をいう」と定義され（第1条），子どもの生まれた時の立場（国籍やその有無，嫡出子か否か）を含むあらゆる差別を禁じています（第2条）。第3条第1項に「子どもの最善の利益」を尊重する原則があり，「児童に関するすべての措置をとるに当たっては，公的若しくは私的な社会福祉施設，裁判所，行政当局又は立法機関のいずれによって行われるものであっても，児童の最善の利益が主として考慮される」ものでなければなりません。

　権利条約には，大きく4つの着目すべきポイントがあります。

　1点目に，すべての子どもに**受動的権利**[※2]，つまり生存するために必要とされる基本的権利が定められています。健康・医療への権利（第24条），社会保障への権利（第26条），子どもの生活水準への権利（第27条）等が規定されています。

　2点目に，より基本的な権利として，第7条は親を知る権利や親によって養育される権利を有していること等を規定し，第8条では子どものアイデンティティを保全する権利を保障し，第9条で親子不分離の原則を示すなど，子どもが生存する際の質にも触れています。

　3点目は，子どもが主体であることを特徴づける**能動的権利**[※3]を規定しています。意見表明権（第12条），表現の自由（第13条），思想，良心及び宗教の自由（第14条），結社及び集会の自由（第15条）等，子ども自身の考えの表出や選択，決定等について認めようとするものです。受動的権利と両輪となっています。

　4点目に，子どもの権利を守る上で欠かせない親の責任や義務等として，第5条に父母等の責任，権利及び義務の尊重，第18条に児童の養育及び発達についての父母の責任と国の援助が定められ，子どもの成長発達は父母の共同責任であり，第一義的な責任を有するとされ，児童の最善の利益は父母や法定保護者の基本的な関心事項になるものとするとされています。このほか，第20条で家庭環境を奪われた児童等に対する保護及び援助，第21条で養子縁組に際しての保護，第23条には心身障害を有する児童に対する特別の養護及び援助等が規定されており，子どもがどのような状態にあったとしても，その権利が親や国，社会から正当に守られ，尊重されるよう構成されています。

　条約の理念を受け，日本国内でも子どもの権利ノートやオンブズパーソン等

子どもの意見表明権を守る取り組みが行われています。2016年の改正児童福祉法では，条約の理念に則りと規定され，子どもの最善の利益を考慮することを国民に求めています。子ども家庭支援は，保護者の支援を含めて子どもの権利を守る施策であると理解できます。

② ハーグ条約

　正式名称は，「国際的な子の奪取の民事上の側面に関する条約」です。[4]

　ハーグ条約は，16歳未満の子どもについて，国境を越えた移動による監護権の侵害に関する扱いを定めています。子どもを連れ去られた親は，子どもが現在する国の中央当局（日本は外務省）に対し，子の返還の申請を行うことができます。子どもがいる国の中央当局は，返還の申請に応じて，子の所在の発見（第7条a）や子に対する更なる害の防止（第7条b）などに必要な全ての措置を講じます。その上で，条約の締約国は連れ去りから1年以上経過し，子が新たな環境になじんでいる場合（第12条）や申立人が現実に監護権を行使していなかった場合（第13条1a）等を除いて，返還命令を出します。連れ去られた親が子の返還を求めた場合，子の現在する締約国の裁判所が子どもを戻すかどうか判断することになります。また，海外に連れ出された子どもとの面会を求めた場合は，子の現在する締約国の支援を受けることができます。

③ 障害者の権利に関する条約

　いわゆる「障害者権利条約」であり，2006年の第61回国連総会本会議において採択され，2008年5月に発効した障害者に関する初めての国際条約です。障害者権利条約は，障害者の人権や基本的自由の享有を確保し，障害者の固有の尊厳の尊重を促進するため，障害者の権利の実現のための措置等を規定し，市民的・政治的権利，教育・保健・労働・雇用の権利，社会保障，余暇活動へのアクセスなど，さまざまな分野における取り組みを締約国に対して求めています。日本は2007年に署名した後，法整備を進め2014年1月に国連に対し批准書を寄託し，同年2月19日に発効しました。

　第1条に「全ての障害者によるあらゆる人権及び基本的自由の完全かつ平等な享有を促進し，保護し，及び確保すること並びに障害者の固有の尊厳の尊重を促進すること」を目的として掲げ，第2条に合理的配慮等の定義があります。第7条に障害のある児童に対し児童の権利に関する条約が謳っているように，「障害のある児童に関する全ての措置をとるに当たっては，児童の最善の利益が主として考慮されるものとする。」とされており，障害のある子どもの権利が十分に守られるための施策が求められています。

（佐藤まゆみ）

▷4　1980年国際私法ハーグ会議で採択され，1983年に発効した。
　日本では，2011年よりハーグ条約締結に向けた条約実施法が整備された。法務省はハーグ条約の条約実施法案全体の取りまとめと裁判手続部分の法文化を，外務省は子の所在の特定や当事者間の話し合いによる解決に向けた支援，子の安全な返還や面会交流の実施に向けた支援等を行う中央当局の任務に関する部分の法文化を行った。2013年の第183回通常国会で条約締結が承認され，条約実施法である国際的な子の奪取の民事上の側面に関する条約の実施に関する法律が成立し，2014年4月1日に発効した。

（参考文献）
　網野武博（2002）『児童福祉学〈子ども主体〉への学際的アプローチ』中央法規.
　柏女霊峰（2020）『子ども家庭福祉論　第6版』誠信書房.

子ども家庭支援に関わる法律

　子ども家庭支援には多くの法律が関わっており，その主な法律としては表Ⅸ-2のように示すことができます。ここでは，子ども家庭支援にとって特に基本的な法律を取り上げます。

 児童福祉法

　本法は，子ども家庭福祉において最も基本的で総合的な法律です。児童福祉の理念や原理，児童や妊産婦の定義，児童相談所や福祉事務所等業務の実施機関等を規定しています。第2条に「児童の保護者は，児童を心身ともに健やかに育成することについて第一義的責任を負う」さらに，「国及び地方公共団体は，児童の保護者とともに，児童を心身ともに健やかに育成する責任を負う」として児童の育成責任を明記しています。加えて同法第3条の2「国及び地方公共団体は，児童が家庭において心身ともに健やかに養育されるよう，児童の保護者を支援しなければならない」という規定が，子ども家庭支援の根拠となっています。

② **少子化社会対策基本法**

　本法は，「少子化に対処するための施策を総合的に推進し，もって国民が豊かで安心して暮らすことのできる社会の実現に寄与すること」を目的としています。基本理念，国・地方公共団体・事業主・国民の責務，雇用環境の整備や保育サービス等の充実，地域社会における子育て支援体制の整備，母子保健医療体制の充実，ゆとりのある教育の推進，生活環境の整備，経済的負担の軽減等が規定されています。こうした規定に関する総合的な検討の場として，内閣総理大臣を会長とする少子化社会対策会議を設置することとされています。少子化に対処するための施策の指針として，総合的かつ長期的な少子化に対処するための施策の大綱の策定を政府に義務づけ，少子化社会対策大綱が策定されており，国による計画策定に結びついてきました。

③ **次世代育成支援対策推進法**

　本法は，「次世代育成支援対策に関し，基本理念を定め，並びに国，地方公共団体，事業主及び国民の責務を明らかにするとともに，行動計画策定指針並びに地方公共団体及び事業主の行動計画の策定その他の次世代育成支援対策を推

進するために必要な事項を定めることにより，次世代育成支援対策を迅速かつ重点的に推進し，もって次代の社会を担う子どもが健やかに生まれ，かつ，育成される社会の形成に資すること」を目的としています。2015年3月末までの時限立法でしたが，2014年の改正時に2025（令和7）3月末まで期限を延長しました。

　全ての都道府県及び市町村に対し，5年を1期とする次世代育成支援のための地域における行動計画策定を義務づけ，国及び地方公共団体等の特定事業主，101人以上の従業員を抱える一般事業主に対しても同様の行動計画の策定義務を課しました。

4 子ども・子育て支援法

　本法は，「子ども・子育て支援は，父母その他の保護者が子育てについての第一義的責任を有するという基本的認識の下に，家庭，学校，地域，職域その他の社会のあらゆる分野における全ての構成員が，各々の役割を果たすとともに，相互に協力して行われなければならない」（第1条）ことを目的としています。子ども・子育て支援制度の給付内容や子育てが社会連帯の理念のもと社会全体で行われるものであることを示しています。

　これらの法律は，子ども・子育て支援のための基本法といえます。このほかにも，子ども家庭福祉六法の児童福祉法以外の法律をはじめ，児童虐待や貧困に関わる法律等関連法律があります（表IX-2）。

　　　　　　　　　　　　　　　　（佐藤まゆみ）

表IX-2　子ども家庭福祉を支える主な法律

【法体系の基本】
日本国憲法

【子ども家庭福祉六法】
①児童福祉法（1947年）
②児童扶養手当法（1961年）
③母子及び父子並びに寡婦福祉法（1964年）
④特別児童扶養手当等の支給に関する法律（1964年）
⑤母子保健法（1965年）
⑥児童手当法（1971年）

【子ども家庭福祉に関連する主な法律】
社会の基本に関わる法律
①民法
②少子化社会対策基本法
③男女共同参画社会基本法
子ども家庭福祉に関連する法律
①次世代育成支援対策推進法
②児童虐待の防止等に関する法律
③子ども・子育て支援法
④子どもの貧困対策の推進に関する法律
⑤就学前の子どもに関する教育，保育等の総合的な提供の推進に関する法律
⑥子ども・若者育成支援推進法　など
社会福祉に関する法律
①社会福祉法
②生活保護法
③発達障害者支援法
④障害者の日常生活及び社会生活を総合的に支援するための法律（障害者総合支援法）
⑤障害者基本法
⑥精神保健及び精神障害者福祉に関する法律
⑦生活困窮者自立支援法　など
保健医療及び公衆衛生に関する法律
①母体保護法
②学校保健安全法　など
教育に関する法律
①教育基本法
②学校教育法
③いじめ防止対策推進法　など
労働に関する法律
①育児休業・介護休業等育児又は家族介護を行う労働者の福祉に関する法律　等
司法等に関する法律
①少年法
②少年院法
③少年鑑別所法
④売春防止法
⑤児童買春・児童ポルノに係る行為等の処罰及び児童の保護等に関する法律
⑥配偶者からの暴力の防止及び被害者の保護に関する法律　など

出所：山縣文治（2018）『子ども家庭福祉論　第2版』ミネルヴァ書房，柏女霊峰（2020）『子ども家庭福祉論　第6版』誠信書房，を参考に筆者作成。

5 子ども家庭支援施策の計画

▷1　政策の変遷は図Ⅸ-1参照。

平成期には少子化対策・子ども・子育てのための計画が次々と打ち出されました。ここで国による計画を中心にみていきます。

◯エンゼルプラン

1.57ショック以降の少子化対策に取り組むにあたって，1994年に第一弾として発表されたのが1994年の「今後の子育て支援のための施策の基本的方向について」（通称：エンゼルプラン）です。これからの子育て支援は，夫婦や家庭だけの問題として考えるのではなく，企業や地域を含めた社会全体で取り組む課題として捉えた計画が策定されました。厚生省（当時）が取り組むべき具体的な課題として示されたのが，「当面の緊急保育対策等を推進するための基本的考え方」（1994年。通称：緊急保育対策等5か年事業）です。これらを受け，都道府県や市町村でも「児童育成計画」（地方版エンゼルプラン）の策定が進みました。

◯新エンゼルプラン

1999年12月にはエンゼルプランの後期計画として，「新エンゼルプラン」が策定されました。少子化対策推進関係閣僚会議において明らかにされた「少子化対策推進基本方針」の具体的実施計画であり，保育サービス関係に加え，雇用，母子保健・相談，教育等の8つの柱を定め，目標値を設定して取り組みました。

◯健やか親子21（第2次）

2000年には，21世紀の母子保健のビジョンを示すために設置された「健やか親子21検討会」によって，母子保健の2010年までの国民運動計画を定めた「健やか親子21」が策定されました。これまでの母子保健の取り組みの成果を踏まえ，残された課題と新たな課題の整理と目標設定により，関係者，関係機関・団体が一体となって推進する国民運動計画です。少子化対策としてだけではなく，国民の健康づくり運動（健康日本21）の一環で，その後2015年から2024年度までの第2次計画が推進されています。

◯男女共同参画基本計画

2001年に男女共同参画社会基本法に基づく男女共同参画基本計画が策定されました。社会が家庭における子どもの育ちや子育てを支援する国の計画が次々策定され，子ども家庭福祉施策における計画的推進の基盤となりました。

◯子ども・子育て応援プラン

新エンゼルプラン最終年度には当初の目標はほぼ達成されましたが，少子化

の流れは止まりませんでした。2004年12月24日には，少子化社会対策基本法制定を受けて決定した少子化社会対策大綱の具体的な整備計画である「少子化社会対策大綱に基づく重点施策の具体的実施計画について」（少子化社会対策会議2004年）が策定されました。これが「子ども・子育て応援プラン」です。

このプランは，少子化社会対策大綱に掲げる４つの重点課題に基づき策定され，2005年からの10年を見据え目指すべき社会の姿を示し，５年間に取り組む具体的施策の内容と数値目標を示しました。その多くは，次世代育成支援対策推進法に基づく都道府県行動計画及び市町村行動計画を基礎にしています。地方の計画とリンクさせたプラン策定は，初めてのことで，「子育ての新たな支え合いと連帯」に関わる具体的施策の目標値が多く示されました。また，エンゼルプランや新エンゼルプランと異なり，子育て支援事業や要保護児童対策にかかる整備目標が示され，次世代育成支援地域行動計画との整合性を図りました。

○子ども・子育てビジョン

「新しい少子化社会対策大綱の案の作成方針について」（2008年12月少子化社会対策会議決定）を受け，2010年に「子ども・子育てビジョン」を閣議決定しました。「子どもが主人公（チルドレン・ファースト）」という基本的考えのもと，「少子化対策」から「子ども・子育て支援」へと視点が変わり，当事者の目線で，子ども・若者の育ち，子育てを支援することを第一に考え，個人が希望をかなえられるような教育・就労・生活の環境を社会全体で整備するよう，基本理念が転換されました。社会全体で子育てを支え，「生活と仕事と子育ての調和」が可能となるよう，地域の子育て家庭等への支援の充実と，保育サービス等の基盤整備，社会的養護の充実など，総合的な子育て支援をめざしました。

○少子化社会対策大綱

その後も増加した待機児童問題の受け皿確保，保育サービスを利用しない・結びつきにくい在宅の子育て家庭のニーズに応える必要性が生じました。

子ども・子育てビジョンを引き継ぐ計画となる少子化社会対策大綱が2015年に閣議決定されました。この大綱では，「個々人が希望する時期に結婚でき，かつ，希望する子供の数と生まれる子供の数との乖離をなくしていくための環境を整備し，国民が希望を実現できる社会をつくる」ことを基本目標としました。大綱の重点課題には，子育て支援施策の一層の充実，若い年齢での結婚・出産の希望の実現，多子世帯へ一層の配慮，男女の働き方改革，地域の実情に即した取組強化の５つを掲げました。子育て支援施策の一層の充実については，同年よりスタートした子ども・子育て支援新制度の円滑な実施に向け，財源を確保しつつ「量的拡充」と「質の向上」，都市部のみならず，地域の実情に応じた子育て支援に関する施設・事業の計画的な整備，待機児童解消や小１の壁の打破等，それぞれにプランを示し，2019年度末までの整備目標を定めました。

（佐藤まゆみ）

（参考文献）
厚生労働省（2018）『平成30年版厚生労働白書』．
内閣府（2004-2019）『少子化社会対策白書』各年版．

6 子育て家庭を取り巻く新たな政策動向

① 新たな少子化社会対策大綱

　2020年5月には，「少子化社会対策大綱〜結婚，妊娠，子供・子育てに温かい社会の実現をめざして〜」が決定されました（図IX-2）。2004年，2010年，2015年に続く第4次の大綱です。「希望出生率1.8」の実現に向け，令和の時代にふさわしい環境を整備し，国民が結婚，妊娠・出産，子育てに希望を見出せるとともに，男女が互いの生き方を尊重しつつ，主体的な選択により，希望する時期に結婚でき，かつ，希望するタイミングで希望する数の子どもをもてる社会をつくることを基本的な目標とし，各施策に関する数値目標を定めています。

　基本的な考え方として，結婚・子育て世代が将来にわたる展望を描ける環境をつくること，多様化する子育て家庭のさまざまなニーズに応えること，地域の実情に応じたきめ細やかな取り組みを進めること，結婚，妊娠・出産，子供・子育てに温かい社会をつくること，科学技術の成果など新たなリソースを積極的に活用することの5つが示され，重点課題が設定され具体的施策が掲げられています。数値目標については，子育て支援施策に関して第2期市町村子ども・子育て支援事業計画における「量の見込み」の結果等を踏まえ設定するとされているほかは，数値目標を定められています。

② 子ども・子育ての地域包括的・継続的支援

▷1　児童虐待への対応については V-5 参照。

　子ども家庭支援のための施策，計画が推進される一方で，児童虐待への対応が大きな課題です。児童虐待は，保護者の要因，子どもの要因，養育環境の要因等が複数絡み合って生じるものと考えられており，1つの要因が直接虐待と結びつくわけではなく，適切な支援や環境があれば予防できる可能性が高くなります。また，子どもや保護者との関わりを通じて，SOSに気づくことで早期発見や対応も期待されます。2016年の児童福祉法改正により，市区町村は子どもが心身ともに健やかに育成されるよう，基礎的な地方公共団体として子ども及び妊産婦の福祉に関し，必要な実情の把握に努め，情報の提供を行い，家庭その他からの相談に応じ，調査及び指導を行うとともに，その他の必要な支援に係る業務を適切に行わなければならない責務が明確化されました。

　児童相談所による虐待相談対応件数のほとんどは，施設入所等の措置ではな

く在宅支援となっています。市区町村が身近な場所で，子どもやその保護者（親権を行う者，未成年後見人その他子どもを現に監護する者。以下同じ）に寄り添い継続的に支援し，児童虐待の発生を防止することが重要であり，市区町村を中心とした在宅支援の強化を図ることが盛り込まれています。そのため，地域を基盤としたソーシャルワークの機能を担うことが期待される「**市区町村子ども家庭総合支援拠点**」を法定化し，設置を努力義務としました。その支援にあたっては，包括的・継続的支援に努めることとされています。また，母子保健法においても同年の改正法施行により，母子健康包括支援センター（**子育て世代包括支援センター**）の市区町村設置等を規定しました。妊娠期からの切れ目のない支援を母子保健から支える重要な社会資源です。その後も，児童相談所と市区町村両方の体制強化が進展しています。

　子ども家庭支援には，こうした状況にある子どもや保護者に寄り添う役割もあります。より手厚い支援を必要とする子どもや保護者として理解することが大切です。支援が途切れないよう，**要保護児童対策地域協議会**や新たな拠点とともに，地域包括的・継続的支援をベースとして対応する必要性があります。

（佐藤まゆみ）

▷2　市区町村子ども家庭総合支援拠点
⇨ Ⅹ-6 参照

▷3　子育て世代包括支援センター
⇨ Ⅹ-6 参照

▷4　要保護児童対策地域協議会
⇨ Ⅹ-6 参照

少子化社会対策大綱（概要）
～新しい令和の時代にふさわしい少子化対策へ～

2020年5月29日閣議決定
・少子化社会対策基本法※1に基づく総合的かつ長期的な少子化に対処するための施策の指針
・2004年，2010年，2015年に続く第4次の大綱

〈背景〉
・少子化の進行は，人口（特に生産年齢人口）の減少と高齢化を通じて，社会経済に多大な影響
・少子化の主な原因は，未婚化・晩婚化，有配偶出生率の低下　・背景には，個々人の結婚や出産，子育ての希望の実現を阻む様々な要因
・希望の実現を阻む隘路を打破するため，長期的な展望に立ち，必要な安定財源を確保しながら，総合的な少子化対策を大胆に進める必要
・新型コロナウイルス感染症の流行は，安心して子供を産み育てられる環境整備の重要性を改めて浮き彫りにした
　学校の臨時休業等により影響を受ける子育て世帯に対する支援等の対策と併せて，非常時の対応にも留意しながら総合的な少子化対策を進める

〈基本的な目標〉
・「希望出生率1.8」の実現に向け，令和の時代にふさわしい環境を整備し，国民が結婚，妊娠・出産，子育てに希望を見出せるとともに，男女が互いの生き方を尊重しつつ，
　主体的な選択により，希望する時期に結婚でき，かつ，希望するタイミングで希望する数の子供を持てる社会をつくる
　（結婚，妊娠・出産，子育ては個人の自由な意思決定に基づくものであり，個々人の決定に特定の価値観を押し付けたり，プレッシャーを与えたりすることがあってはならないことに十分留意）

〈基本的な考え方〉

1　結婚・子育て世代が将来にわたる展望を描ける環境をつくる
・若い世代が将来に展望を持てる雇用環境等の整備
・結婚を希望する者への支援
・男女共に仕事と子育てを両立できる環境の整備
・子育て等により離職した女性の再就職支援，地域活動への参画支援
・男性の家事・育児参画の促進，働き方改革と暮らし方改革

2　多様化する子育て家庭の様々なニーズに応える
・子育てに関する支援（経済的支援，心理的・肉体的負担の軽減等）
・在宅子育て家庭に対する支援
・多子世帯，多胎児を育てる家庭に対する支援
・妊娠期から子育て期にわたる切れ目のない支援
・子育ての担い手の多様化と世代間での助け合い

3　地域の実情に応じたきめ細かな取組を進める
・結婚，子育てに関する地方公共団体の取組に対する支援
・地方創生と連携した取組の推進

4　結婚，妊娠・出産，子供・子育てに温かい社会をつくる
・結婚を希望する人を応援し，子育て世帯をやさしく包み込む社会的機運の醸成
・妊娠中の方や子供連れに優しい施設や外出しやすい環境の整備
・結婚，妊娠・出産，子供・子育てに関する効果的な情報発信

5　科学技術の成果など新たなリソースを積極的に活用する
・結婚支援・子育て分野におけるICTやAI等の科学技術の成果の活用促進

このほか，ライフステージ（結婚前，結婚，妊娠・出産，子育て）ごとに施策の方向性を整理

〈施策の推進体制等〉
・有識者の意見を聞きつつ，施策の進捗状況等を検証・評価する体制を構築し，PDCAサイクルを適切に回す
・施策について数値目標を設定するとともに，その進捗を定期的にフォローアップ※2
・更に強力に少子化対策を推し進めるために必要な安定財源の確保について，国民各層の理解を得ながら，社会全体での費用負担の在り方を含め，幅広く検討

※1　少子化社会対策基本法（平成15年法律第133号）（抄）第7条　政府は，少子化に対処するための施策の指針として，総合的かつ長期的な少子化に対処するための施策の大綱を定めなければならない。
※2　本大綱については，施策の進捗状況とその効果，社会情勢の変化等を踏まえ，おおむね5年後を目処に見直しを行うこととする。

図Ⅸ-2　少子化社会対策大綱（概要）

出所：内閣府HP（https://www8.cao.go.jp/shoushi/shoushika/law/pdf/r020529/shoushika_taikou_g.pdf）

社会資源との協力・連携とは

▷1　山縣文治・柏女霊峰編（2000）『社会福祉用語辞典（第 9 版）』ミネルヴァ書房，153.

▷2　永野典詞・岸本元気（2016）『保護者支援　保育ソーシャルワークで学ぶ相談支援』風鳴舎，70-71.

1　社会資源とは

「社会資源」とは，「生活上のニーズを充足するさまざまな人材，制度，技能」[1]の総称です。保育相談支援では，保護者の抱える子育ての悩みや困難，その背景にある生活上の問題を解決するため，必要に応じて社会資源を活用します。

社会資源をより理解しやすくするために，「人」「もの」「サービス」と表現することもあります。[2]

1)「人」…サ行が発音できない年長児について悩んでいる保護者に「言語聴覚士」を紹介し，子どもが言語訓練を受けた結果，発音ができるようになった。

2)「もの」…教室内でさまざまな音が耳に入り落ち着かない聴覚過敏の子どもの保護者に「イヤーマフ」を紹介したところ，必要な音を聞きとりやすくなり，教室内の活動がスムーズになった。

3)「サービス」…子どもがインフルエンザにかかり，登園禁止期間の 1 週間全ては仕事が休めない保護者に「病後児保育サービス」について情報提供したところ，早めに職場復帰することができた。

これらの「人」「もの」「サービス」が社会資源です。つまり，子どもや保護者が抱える問題や課題に対して保育士が直接支援をするのではなく，社会資源を活用したことで問題解決につながったことがわかります。

また社会資源は，公的機関や専門職による公式的なケアの総称であるフォーマルな社会資源と，個人をとりまく家族・親族，友人，近隣，ボランティア等による非公式なケアの総称であるインフォーマルな社会資源に分類できます。[3]

▷3　山縣・柏女編（2000）18，322.

2　社会資源の活用における保育士の役割

社会資源の多くは保育所等の外にあるため，子どもや保護者が社会資源を活用するために，保育士は状況に応じて以下のような役割が必要となります。

○社会資源を「知る」

普段からどこに，どのような社会資源があるのかを把握しておきます。

○社会資源について「情報提供」する

生活上の不安や悩みを抱える保護者に対して，問題解決に結びつくと思われる社会資源について情報提供を行います。

○社会資源に「つなぐ」

保護者の状況に応じて保育士から他職種や他機関に連絡することもあります。場合によっては社会資源を利用するための同行や代行を行うこともあります。

③ 社会資源における協働や連携の留意点

協働・連携を行ううえでは異なる主体の対等な関係のもと，相手を知り，顔の見える関係をつくることで，ミッションと目標を共有することが大切とされています[4]。保育士が社会資源を活用するためには他機関や他職種と協働や連携が必要ですが，課題もあります。以下では保護者側の要因，他機関側の要因，保育士や所属する施設側の要因，行政側の要因に分け，協働や連携の留意点について述べます。

・保護者側の要因 保育士が社会資源の活用が望ましいと考えていても，保護者が活用を希望しない，保護者が社会資源にうまくつながれない場合があります。前項で述べたように，保育士の「つなぐ」役割が求められます。

・他機関側の要因 他機関が多忙で連携や協力を行う時間的余裕がない，連携や協力の必要性を感じていない，実際に連携した経験が乏しく，どのように連携してよいかわからない場合等があります。要因に合わせた保育所・保育士の関わりが必要です。

・保育士が所属する施設側の要因 保育所のように保育士が，保育業務を行ううえで，他の福祉職等と日常的に仕事をする機会が少ない施設もあります。連携経験の少なさや多忙な状況，活用すべき社会資源がからないなどのいくつかの要因から，他職種や他機関との連携に消極的な姿勢が見られることがあります。保育士が受け身の立場に留まらず，積極的にはたらきかけることが必要です。

・行政側の要因 わが国では，高齢者と比較して子どもや子育て世代に対する福祉予算の配分が少ないことが指摘されています[5]。そのため子どもや家庭支援に活用できる社会資源が少ない，社会資源がそもそも存在しない場合もあります。必要に応じて保育士が社会資源の創設や拡充を訴えることも大切です。

④ 子ども家庭支援における社会資源と連携するために

近年，医療や福祉を中心に，IPW（Interprofessional Work），つまり「複数の領域の専門職者が各々の技術と役割をもとに，共通の目標を目指す協働」が注目され[6]，保育領域にも虐待対応や発達障害をもつ子どもや保護者の支援などにIPW が取り入れられつつあります。一つの機関が子どもや家庭を支えることは限界があり，より質の高い支援をめざして専門職がチームとして取り組む姿勢が必要です。保育士も他職種協働のために知識や意識をもっておきましょう。

（丸目満弓）

▷4 柏女霊峰・橋本真紀編著（2015）『子ども・子育て支援新制度 利用者支援事業の手引き』第一法規株式会社，14-15.

▷5 総務省統計局（2020）「第69回日本統計年鑑 令和２年」，542，表23-4「高齢者及び児童・家庭関係給付費」.

▷6 大塚眞理子ほか（2009）『IPW／IPE の理念とその姿 IPW を学ぶ』中央法規出版，12-24.

子ども家庭支援に関わる人々

① 子ども家庭支援に関わる人々

　X-1 で述べたように，社会資源は「問題解決のための人・もの・サービス」と言いかえることができます。子ども家庭支援に関わる「人」の存在は，子どもや保護者の生活上の問題や課題の軽減・解決につながります。

② 子ども家庭支援に関わる専門職と非専門職

　子ども家庭支援に関わる人々には，専門知識や技術を活かして支える専門職，民生委員や地域住民，あるいは NPO 法人やボランティアグループのスタッフといった非専門職がいます。一見すると専門職の方がより支援が行える印象をもつかもしれませんが，決してそうではありません。専門職にしかできないこと，非専門職だからできることが各々あります。専門職の多くは機関に所属しています。一方で子どもや保護者の生活は地域にあり，365日24時間続いています。より身近な位置から生活に寄り添うことができる非専門職の存在はなくてはならないものといえます。また専門職と保護者が築く援助的信頼関係（**ラポール**▷1）と非専門職と保護者の間に流れる温かい関係は，それぞれが良さをもっています。個人情報の保護，守秘義務に留意しながら専門職と非専門職が連携し，両輪となって子育て家庭を支えることが理想です。

③ 子ども家庭支援に関わる専門職

　子ども家庭支援に関わる人々の職種は医療・保健・福祉・心理・教育など多岐にわたっています（表X-1参照）。

　医療の領域では医師や看護師，母子周産期に関わる助産師などがあります。リハビリや療育に関わる理学療法士，作業療法士，言語聴覚士のほか，最近では視能訓練士による**ビジョントレーニング**という特別支援教育的アプローチを行うことも見られるようになりました。また医療職ではありませんが，管理栄養士が医療と連携して食を支える場合もあります。保健領域では地域住民に関わりをもつ保健師，福祉領域ではケアワークに関わる職種として保育士や介護福祉士のほか，相談支援を行う社会福祉士，精神保健福祉士があります。心理領域では公認心理師（国家資格）や認知度の高い臨床心理士（協会資格）があります。公立学校では教員免許以外には特に資格は必須ではないものの，**特別支**

▷1　**ラポール**
援助する側とされる側の間に結ばれる信頼関係のこと（『社会福祉用語辞典　第9版』ミネルヴァ書房）。

▷2　**ビジョントレーニング**
子どもの注意欠陥多動性障害（ADHD）や学習障害（LD），読み書き障害（ディスレクシア）など発達に課題がみられる子どもたちの改善・克服などに活用され，取り組まれている発達支援の実践プログラム（一般社団法人日本ビジョントレーニング普及協会ホームページより）。

表X-1 子ども家庭支援に関わる人々の一例

領域	資格名	職名
医療	医師 看護師 助産師 理学療法士 作業療法士 言語聴覚士 視能訓練士	医師 看護師/訪問看護師 助産師 理学療法士 作業療法士 言語聴覚士 視能訓練士
保健	保健師	保健師
福祉	社会福祉士 精神保健福祉士 介護福祉士 保育士	ソーシャルワーカー/相談員ほか 精神科ソーシャルワーカー/PSW ほか ケアワーカーほか 保育士
心理	公認心理師/臨床心理士	カウンセラーほか
教育	幼稚園教諭 特別支援教育士	幼稚園教諭 特別支援コーディネーターほか
その他	管理栄養士	管理栄養士

出所:筆者作成。

援コーディネーター[3]という校務を担う教諭を中心に特別支援教育士という協会資格を取得するケースも増えています。

④ 子ども家庭支援に関わる人々を理解するために

　表X-1からもわかるように資格名と職種や職名が違う場合があります。たとえば社会福祉士は資格名で呼ばれるほか，ソーシャルワーカーや相談員と呼ばれることもあります。他にも心理職は，カウンセリング業務を主に行う人や心理検査や発達検査を主に行う人では大きく役割が異なります。さらに行政などの場合，その職に就く従事者が一つの職種とは限らない場合があります。たとえば X-6 で詳述する市区町村子ども家庭総合支援拠点において，子ども家庭支援員は「社会福祉士，精神保健福祉士，公認心理師，医師，保健師，保育士等」と領域が異なる専門職のいずれかが担うことを想定している[4]ため，市区町村によって支援内容が異なる場合もあります。一つ一つ整理をしながら理解することが必要です。

　上記で述べた人々はそれぞれの専門性を活かして子どもや保護者に関わっていますが，複数の領域・支援者で関わっている場合は協力・連携することでさらに質の高い，より多くの支援が可能となります。

　そのために保育士は子ども家庭支援に関わる人々の存在や役割を知ること，理解することが必要です。そして必要に応じて連絡をとりあうなど"顔の見える"関係を築くこと，さらには子どもや保護者の問題解決のために自ら積極的にはたらきかけることができるようになることが理想的です。　　　（丸目満弓）

▷3　特別支援コーディネーター
各学校における特別支援教育の推進のため，主に，校内委員会・校内研修の企画・運営，関係機関・学校との連絡・調整，保護者の相談窓口等の役割を担う。（文部科学省（2017）「発達障害を含む障害のある幼児児童生徒に対する教育支援体制整備ガイドライン～発達障害等の可能性の段階から，教育的ニーズに気付き，支え，つなぐために」.）

▷4　厚生労働省（2020）「市区町村子ども家庭総合支援拠点設置運営要綱」別表の2.

子ども家庭支援に関わる機関や活動

① 子ども家庭支援に関わる機関

　機関とは「個人または団体がその手段として設ける組織[1]」です。本節における機関とは，子どもや保護者・家庭の支援を目的とした組織や仕組みを指します。次節の「専門機関」は公的機関がほとんどですので，ここでは近年増えつつある，既存の枠組みを超えた子ども家庭支援に関わる新たなタイプの機関・組織について学びます。

② 子ども家庭支援に関わる活動の多様化

　これまでは，長らく公的機関や専門職による支援であるフォーマルな支援と，個人をとりまく家族・親族，友人，近隣，ボランティア等による非公式な支援であるインフォーマル[2]な支援に二分されてきましたが，近年は NPO 法人（特定非営利活動法人）やソーシャルビジネス，企業による CSR 活動など，その中間的存在ともいえる多様な支援主体が出現するようになりました。

○ NPO 法人

　NPO とは，Not-for-Profit Organization の略称であり，「利益のためではなく，社会的もしくは公共的使命実現のために活動する組織[3]」です。繰り返し述べているように，ソーシャルワーク支援では生活上の問題を抱える子どもや保護者に対して社会資源を活用することで問題解決をはかりますが，そもそも社会資源が存在しないこともあります。たとえば，今や全国的に活動が盛んな子ども食堂のきっかけは，2008（平成20）年に「子どもの貧困」が注目され始めたもの[4]の，公的サービスがなく，2012（平成24）年に八百屋の店主である女性が子どもに食事を提供するようになったことでした[5]。その後，社会的課題である「貧困家庭に育つ子どもの食」の解決に向けて多くの NPO 法人が取り組みを行うようになり，急速にその活動は全国的に拡大しました。今では自治体が補助金を出すなど，公的サービスや行政施策の一部となっているところもあります。このように，いちはやく社会的課題に気づき，活動を行う NPO 法人は，今や子ども家庭支援に関わる活動主体のうち，必要不可欠な機関といえます。

○ ソーシャルビジネス

　同じく社会的な課題を解決するために，ビジネスの手法を用いて取り組む組織・機関を社会的企業（起業）＝ソーシャルビジネスといいます。例として，共

▷1　新村出編（2018）『広辞苑第7版』岩波書店.

▷2　山縣文治・柏女霊峰編（2000）『社会福祉用語辞典第9版』ミネルヴァ書房，18.

▷3　社会福祉法人大阪ボランティア協会編（2017）『テキスト市民活動論　第2版―ボランティア・NPO の実践から学ぶテキスト』社会福祉法人 大阪ボランティア協会，41.

▷4　阿部彩（2014）『子どもの貧困Ⅱ』岩波新書，ⅰ.

▷5　農林水産省ホームページ. https://www.maff.go.jp/j//syokuiku/dandan.pdf

働き家庭が安心して子育てと仕事を両立できないという社会的課題に対し，施設を持たない新しい手法により病児・病後児保育サービスを事業として成立させた事例があります。ソーシャルビジネスが事業を通じて社会問題を解決するモデルを創り出し，その後行政が法制化することなどにより，そのモデルが全国に拡散する事例も増えつつあります。

○企業のCSR活動

CSRとはCorporate Social Responsibility，すなわち企業の社会的責任を意味します。本来，企業は営利を追求する存在ですが，一方で社会や環境に与える影響に対して担うべき責任や役割があるとして，「能動的貢献」，言い換えれば「社会貢献活動」を行うべきであるという考え方があります。つまり直接的な対価を得ず，自主的・積極的に社会問題の解決に取り組むことをCSR活動といいます。地域に数多く存在するコンビニエンスストアが，「子ども食堂」の活動に参画しているという事例もあります。

3　子ども家庭支援に関わる多様な活動と保育士の関係

○つなぐ

Ⅹ-1でも述べたように，子ども家庭支援の領域では社会資源が乏しい，あるいは存在しないという場合があります。保育士は子どもや保護者が抱える生活問題に気づいた場合，解決に向けて社会資源を活用しようと試みますが，つなぐべき社会資源が公的サービスのなかに存在しない地域もあります。そのような地域では，保育士はフォーマルな社会資源に目を向けるだけでなく，保育所等所属する施設の身近にNPO法人の取り組みやソーシャルビジネス，さらには企業のCSR活動がないか探してみることで解決につながることもあります。

○つくりだす

保育士は複数の子どもや保護者が抱える生活問題，いわば社会的課題にいちはやく気づくことができる立場です。活用するべき社会資源がない場合は，社会資源を創り出すことがソーシャルワーク援助の一つとなります。ただし，保育士はソーシャルワーカーではないため，業務のなかで地域資源を創り出す機会は多くありません。保育所等を利用する家庭のニーズをNPOやその他の機関に伝えるなど，保育士自身が地域資源の創出に協力することも可能です。

（丸目満弓）

▷6　駒崎弘樹（2011）『「社会を変える」を仕事にする　社会起業家という生き方』ちくま文庫，232.

▷7　「フローレンス」ホームページ．https://florence.or.jp/

▷8　社会福祉法人大阪ボランティア協会編（2017：103）.

4 専門機関との連携・協力と その留意点

1 子ども家庭支援に関わる専門機関

▷1　厚生労働省「要保護児童対策地域協議会設置・運営指針」2017年改正.

　保育所を含む児童福祉施設には行政を中心として福祉，保健，医療，教育，司法，その他さまざまな領域の関係機関と必要に応じて連携をはかることが求められています。表Ⅹ-2は2017（平成29）年に改正された「要保護児童対策地域協議会設置・運営指針」をもとに，子ども家庭支援に関わる専門機関についてまとめたものです。

表Ⅹ-2　要保護児童対策地域協議会設置・運営指針における「構成員」（ネットワークのメンバー）

領　域	機　関	職種・職名，その他
児童福祉関係	市町村の児童福祉，母子保健等の担当部局/児童相談所/福祉事務所（家庭児童相談室）/保育所（地域子育て支援センター）/児童養護施設等の児童福祉施設/児童家庭支援センター/児童館/社会福祉協議会	里親/民生・児童委員協議会/主任児童委員/民生・児童委員/社会福祉士
保健医療関係	市町村保健センター/保健所/医療機関	地区医師会/地区歯科医師会/地区看護協会/医師，歯科医師/保健師，助産師，看護師/精神保健福祉士/カウンセラー（臨床心理士等）
教育関係	教育委員会/幼稚園/小学校，中学校，高等学校/盲学校，聾（ろう）学校，養護学校等の学校	
警察・司法関係	警察（警視庁及び道府県警察本部・警察署）	弁護士会，弁護士
人権擁護関係	法務局	人権擁護委員
配偶者からの暴力関係	配偶者暴力相談センター等配偶者からの暴力に対応している機関	

出所：筆者作成。

2 協力と連携，協働

○協　力

▷2　新村出編（2018）『広辞苑第7版』岩波書店，773.

▷3　厚生労働省（2018）「市町村子ども家庭支援指針」（ガイドライン）」.

　協力という言葉は辞書によると「ある目的のために心をあわせて努力すること」とあります。保育所等は他機関からさまざまな協力を求められます。たとえば，2018（平成30）年に策定された「市町村子ども家庭支援指針」（ガイドライン）によると，市町村は虐待の早期発見がしやすい保育所，幼保連携型認定こども園による要保護児童の早期通告を期待しています。また特別の支援を要する家庭の優先的入所を依頼したり，虐待ケースに関して出欠状況等の定期的な情報提供や，必要に応じて市町村が開催する個別ケース会議を行い，状況把握及び対応方針の検討を行うこととしています。

○連　携

連携という言葉は辞書によると「同じ目的を持つ者が互いに連絡をとり，協力し合って，物事を行うこと[4]」とあります。保健や医療，社会福祉の分野では「援助において，異なった分野，領域，職種に属する複数の援助者（専門職や非専門的な援助者を含む）が，単独では達成できない，共有された目標を達成するために，相互促進的な協力関係を通じて行為や活動を展開するプロセスである[5]」とされています。また，類似した用語である「ネットワーク」は「共通の関心をもつ多様な参加者が対等な関係で緩やかに結びつきながらともに活動すること[6]」とされます。つまり，ネットワークは共通の目的に対して協力して活動している状態を指し，連携はその行為とプロセスを指します。

○協　働

複数の領域にわたる専門職同士の関係を表す言葉として，他に「協働」があります。Ⅹ-1 でも述べた IPW（複数の領域の専門職者が各々の技術と役割をもとに，共通の目標を目指す協働[7]）では共に目標を設定し，支援の具体的なあり方について共有し，さらには経過を見守り，場合によっては支援の修正・調整を行います。上記二つと異なる点は主体的・能動的に関わるのは保育士が所属する施設だけではなく，協働するすべての機関となることです。

③　保育士として専門機関と連携・協力するうえでの留意点

○ケース会議の重要性

複数の機関が一つの家庭を支援する場合，関係者が一堂に会することには大きな意味があります。ケース会議をひらくことで"顔の見える関係"ができ，支援がしやすくなる傾向があります。他にも専門性が違う職種，関わり方が違う機関は，もっている情報がそれぞれ異なるため，それまでとは異なる子どもや保護者像が見えてくるなどの利点があります。また支援の方向性を共有すること，役割分担しながらケースを支えることは，子どもや保護者の大きな安心感や問題解決に向かう力にもつながります。

○管轄機関と日常的に関わる機関の不一致

虐待ケースなどの場合，児童相談所や市町村の虐待対応部署がケースを管轄しています。これらの機関は，対応方針を決定する立場にあり，必要に応じてケース会議を開催します。一方で子どもや保護者の変化に気づきやすいのは，日常的に接している保育所等です。情報を最も多くもっているのも保育所等です。ケースを管轄する機関と保育所等の間で支援の切迫性や必要性，支援方針の認識にずれが生じることもあります。状況によっては，保育所等からケース会議の開催を求めていくなど，受け身の立場にとどまらず，積極的にはたらきかけていくことも必要です。

（丸目満弓）

▷4　『広辞苑　第7版』，3126.

▷5　山中京子（2003）「医療・保健・福祉領域における「連携」概念の検討と再構成」『社会問題研究』**53**(1), 5.

▷6　山縣文治・柏女霊峰編（2000）『社会福祉用語辞典第9版』ミネルヴァ書房，303.

▷7　大塚眞理子ほか（2009）『IPW／IPE の理念とその姿　IPW を学ぶ』中央法規出版，12-24.

5 地域の人びとや活動団体との連携・協力とその留意点

❶ 保育所保育指針，保育所保育指針解説における「地域の人びとや活動団体」

○子ども家庭支援に必要な地域の社会資源

2018（平成30）年に改定された解説書において，「保育所や特に連携や協働を必要とする地域の関係機関や関係者」[*1]としてあげられているのは，表Ⅹ-3のとおりです。

▷1　厚生労働省（2018）『保育所保育指針解説』フレーベル館，330.

> **表Ⅹ-3　保育所保育指針解説における「保育所が特に連携や協働を必要とする地域の関係機関や関係者」**
>
> 市町村（保健センター等の母子保健部門・子育て支援部門等）
> 要保護児童対策地域協議会
> 児童相談所
> 福祉事務所（家庭児童相談室）
> 児童発達支援センター
> 児童発達支援事業所
> 民生委員，児童委員（主任児童委員）
> 教育委員会
> 小学校，中学校，高等学校
> 地域子育て支援拠点
> 地域型保育（家庭的保育，小規模保育，居宅訪問型保育，事業所内保育）
> 市区町村子ども家庭総合支援拠点
> 子育て世代包括支援センター
> ファミリー・サポート・センター事業（子育て援助活動支援事業）
> 関連NPO法人等

出所：「保育所保育指針解説」より抜粋。

保育所が個々の子ども家庭支援を行う際には，上記のような地域の社会資源を活用することが必要であり，そのためには機関の役割をしっかりと理解しておくこと，連携や協働できる関係をつくることが必要です。

○地域づくりに関わる一員としての保育所の役割

一方で，解説書では「保育所の地域における子育て支援に関わる活動が，関係機関との連携や協働，子育て支援に関する地域の様々な人材の積極的な活用の下で展開されることで，子どもの健全育成や子育て家庭の養育力の向上，親子をはじめとする様々な人間関係づくりに寄与し，地域社会の活性化へとつながっていくことが期待される」[*2]とあります。

▷2　厚生労働省（2018：341）.

つまり保育所には，地域と連携・協働しながら，子育て環境の向上をはかるための環境づくりを担う役割も求められています。

❷　時代の変化における新しい「地域」の概念

　現代は，「子育てに対する不安や地域における孤立感などを背景に，子ども
や子育てに関する相談のニーズも増大」しています。昔は「向こう三軒両隣」
という言葉が示すように，地域住民同士による子育ての手伝いや見守り，すな
わちインフォーマルな支援のなかでの子育てが当たり前のように行われてきま
した。しかし核家族化や地域社会の希薄化がすすみ，自然発生的に住民同士が
つながることが困難となりつつあるのが現状です。そのため，「子育て支援を
行う団体は多様化及び増加」しています。つまりⅩ-3 で述べた NPO 法人のよ
うなインフォーマルとフォーマルの中間的存在を包含して「地域」という概念
が再編され，社会的状況に応じた「地域」として子育てを支える時代に変わり
つつあります。

▷3　厚生労働省（2018：
331）.

▷4　厚生労働省（2018：
339）.

❸　子ども家庭支援に関する地域のさまざまな人材の積極的な活用の将来的課題

　たとえば読み聞かせボランティアをはじめ，剣道，茶道などの得意分野を活
かした教室，おもちゃ作りや修理，季節行事への参加など，地域の人々による
保育参加・保育支援は，多くの保育所等で取り継がれています。自然な住民同
士の結びつきが困難な状況を考えると，住民同士が結びつくことができる枠組
みの構築，支援に携わる地域人材の発掘や育成，さらには支援を必要とする保
護者と支援が可能な地域の人材とのコーディネートを行うことなども将来的な
課題といえます。地域によっては，保育所やその他児童福祉施設がその中心的
な役割を担うこともあるでしょう。

❹　連携・協力に関する留意点

　保育所や幼保連携型認定こども園等は地域住民にひらかれた施設であること
が理想的であり，地域の人びとや活動団体と連携・協力して子ども家庭支援を
行っていくことが求められています。その一方で，子どもや家庭に関わる情報
の取り扱いについては十分に注意することが必要です。

　国家資格を基盤とする専門職には法律上の守秘義務が課せられ，倫理綱領に
おいても個人情報の保護の遵守が求められています。場合によっては地域住民
やボランティアに対して，どこまで情報を共有すればよいか，戸惑う状況も予
想されます。しかし過度に慎重になるあまり，連携や協力を行わないことは望
ましくありません。基本的には当事者に十分な説明を行い，情報共有について
同意を得ることで連携や協働は可能です。

　また，インフォーマルな社会資源は，フォーマルな社会資源に比べて消失し
たり，内容の変更があったりと変化が激しいので，さまざまな仕組みをよく理
解するとともに，常に情報を更新することが求められます。　　　　（丸目満弓）

6 包括的な子ども家庭支援体制

▷1　新村出編（2018）『広辞苑 第7版』岩波書店.

1 「包括」とは

　包括という言葉は「全体をひっくるめてまとめること」という意味があります[1]。そのために包括的な支援では，「子どもの支援と家族の支援」「支援者が関わる複数の領域にわたる問題」「子どもの成長に合わせた複数年にわたる支援」とさまざまなパターンが考えられます。包括と対照的な言葉は「個別」です。個別的な支援では，子どものみ，親のみの一つの領域の支援，子どもの成長の一時期のみの支援にとどまりがちです。支援者が個々に分かれて行う支援，支援対象者を分けて行う支援よりも必要な支援を包括することが望ましいことはいうまでもありません。ここでは包括的な子ども家庭支援体制及び，そのなかでの保育士の関わりについて学びます。

2 包括的な子ども家庭支援体制

　行政における包括的な子ども家庭支援体制として「子育て世代包括支援センター（法律上の名称は母子保健法における母子健康包括支援センター）」「子ども家庭総合支援拠点」「要保護児童対策地域協議会」があります（図X-1参照）。

　予防，早期発見及び早期介入を行い，さらに虐待などのケース対応やその後の見守りという一連の支援をこれらの機関により一体的に行われることが想定されています。

○子育て世代包括支援センター

　子育て世代包括支援センターは，2015（平成27）年の子ども・子育て支援新制度における施策の一つとして登場し，2017（平成29）年に母子保健法において法定化されました。妊娠期から子育て期にわたる切れ目のない支援として母子保健と子育て支援サービスが一体的に提供されるようマネジメント機能を担っています。

　最近では，フィンランドの「ネウボラ」（フィンランド語でアドバイスをする場所）の制度を参考に，自治体のニーズや実情に合わせた取り組み「日本版ネウボラ」も多くなっています。

○市区町村子ども家庭総合支援拠点

　市区町村子ども家庭総合支援拠点は，2016（平成28）年に改正された児童福祉法第10条の2において自治体に設置することが定められました（努力義務）。

すべての子どもとその家庭および妊産婦の福祉について，実情の把握，情報の提供，相談，調査，指導，関係機関との連絡調整その他の必要な支援を行うための拠点としてソーシャルワークを中心とした機能を担っています。

○要保護児童対策地域協議会

要保護児童対策地域協議会は，2004年に改正された児童福祉法第25条の2において自治体に設置することが定められました（努力義務）。今ではほぼすべての市区町村が設置しています。要保護児童，要支援児童，特定妊婦を支援対象として児童虐待の防止や早期発見，適切な支援を行うために地域の関係機関が情報を共有し，連携して対応するネットワークです。ネットワークの調整機関は子育て世代包括支援センターや市区町村子ども家庭総合支援拠点のほか，家庭児童相談室や児童福祉主管課，母子保健主管課など市区町村によってさまざまです。

3 包括的な子ども家庭支援体制における課題

上記機関を設置するのは自治体であり，実情は各々で大きく異なっています。2018（平成30）年に市区町村子ども家庭総合支援拠点と子育て世代包括支援センターの両方を運営している自治体を対象に行った調査によると，「別々の場所で別の機関が運営」していると回答した市町村が約6割を超え，さらに「支援拠点及び包括支援センターを統括する責任者が不在」の自治体が約7割を超えるなど，運用の難しさが課題として明らかになっています。保育士は関係する市区町村の体制や実情について日頃から把握しておくことが大切です。 （丸目満弓）

▷2　厚生労働省（2018）「市町村・都道府県における子ども家庭相談支援体制の整備に関する取組状況について」．

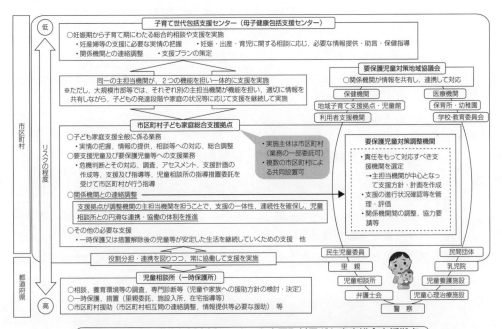

図X-1　子育て世代包括支援センターと市区町村子ども家庭総合支援拠点

出所：厚生労働省「市町村・都道府県における子ども家庭総合支援体制の整備に関する取組状況について」より。

7　社会資源との連携・協働における新たな動向

▷1　厚生労働省 (2018)『保育所保育指針解説』フレーベル館, 328-344.

▷2　汐見稔幸・無藤隆監修 (2018)『〈平成30年施行〉保育所保育指針　幼稚園教育要領　幼保連携型認定こども園教育・保育要領　解説とポイント』ミネルヴァ書房, 48.

▷3　内閣府男女共同参画局 (2016)「育児と介護のダブルケアの実態に関する調査」.

① 保育所保育指針，保育所保育指針解説における新たな動向

2008（平成20）年に保育指針が改定された際，「保護者に対する支援」が新たに章として設けられました。その後，2018（平成30）年の改定では章のタイトルが「子育て支援」と改められ，さまざまな社会資源との連携や協働のなかで行う支援がより強調されるようになりました。[▷2]

② 時代の変化により生じた新たな社会問題の例

○ダブルケア

近年の晩婚化・晩産化等を背景に，育児期にある者（世帯）が親の介護も同時に引き受ける，「育児と介護のダブルケア」が社会問題化しています。つまり保育士がこのような問題を抱える保護者や家庭を支援する際，子どもに関連する社会資源を把握しておくだけでなく，高齢者領域の社会資源なども把握しておく必要があります。

○ヤングケアラー

家族にケアを要する人がいることで，家事や家族の世話を行う子ども（ヤングケアラー）が，年齢や成長の度合いに見合わない重い責任や負担を負うことにより，ヤングケアラー自身の育ちや教育に影響を受けている実態がわかってきました。[▷4]未就学児のケアを行っている「きょうだい」，その家族全体への支援が必要な場合が想定されるため，教育機関や地域との連携が必要になる場合があります。

▷4　厚生労働省 (2019)「ヤングケアラーの実態に関する調査研究」.

③ 高まる社会資源との連携・協働の必要性

前項で述べたように，保育士が把握しておくべき社会資源は，子ども領域にとどまりません。図X-2に示したように，想定される課題のなかには，保護者自身の健康状態や育児と仕事との両立，DVをはじめとする家族関係や夫婦関係，貧困などがあげられます。これらの生活問題を保育所のみで支援するには限界があります。保育士はあらゆる領域の社会資源（人・もの・サービス）を把握し，必要に応じて連携・協働する必要性がますます高まっているといえます。

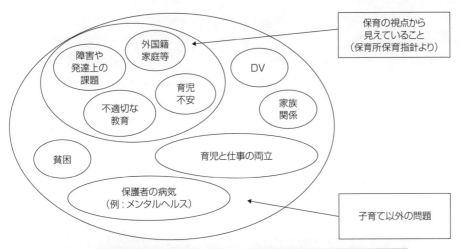

図Ⅹ-2　保育所保育指針で求められている支援と実際のニーズとのギャップ

出所：倉石哲也・伊藤嘉余子監修，倉石哲也・鶴宏史編著（2018）『保育ソーシャルワーク』ミネルヴァ書房，135.

4　保育士として必要なこと

○時代や社会の変化を敏感に察知する

　時代や社会は日々変化します。時代や社会が変わると，人々の生活は変わり，子育て上の不安や悩みも変化し，新たに生じます。日頃から新聞に目を通し，ニュースを見ることはとても大切です。さらに，その変化が子どもの育ちや保護者や家庭にどのような影響を及ぼしているかについて考える習慣を身につけることが大切です。

○多面的視点をもつ

　子ども家庭支援を行う際，子どもの最善の利益の観点から「子ども」を中心に捉えることは保育士にとって当然のことですが，加えて「保護者」の立場になって捉える視点，さらに「保育士」として客観的・俯瞰的に捉える３つの視点をもつことが，支援にとって必要となる社会資源を見出すために大切です。

○抱え込まない姿勢

　慢性的に人手不足の状態が続いている保育現場も珍しくありません。保育業務を行うこと自体が大変ななかで，さらに子ども家庭支援に取り組むことは，負担感や困難さを感じることがあ多くあります。だからこそ保育所等のみで抱え込まず，園外の社会資源と積極的に連携し，協働しながら子どもや家庭を支援することがとても大切です。

（丸目満弓）

さくいん（＊は人名）

執筆者紹介（氏名／よみがな／生年／執筆担当／現職／主著／☆子ども家庭支援論を学ぶ読者へのメッセージ）

橋本真紀（はしもと まき／1965年生まれ）編著者　I

関西学院大学教育学部教授

『地域を基盤とした子育て支援の専門的機能』（単著・ミネルヴァ書房）

『利用者支援事業のための実践ガイド』（共編著・中央法規出版）

☆子ども家庭支援では，その子をみると同時に，家庭のなかにある子ども，地域にある家庭をみる視点が必要です。その視点をどのように養うか，私自身の課題でもあります。

鶴　宏史（つる ひろふみ／1975年生まれ）編著者　III

武庫川女子大学教育学部教授

『保育所等の子ども家庭支援の実態と展望』（共編著・中央法規出版）

『保育ソーシャルワーク論』（単著・あいり出版）

☆保育の専門性（価値・倫理，知識，技術）を意識しながら，保育における子ども家庭支援を学んでいきましょう。

中谷奈津子（なかたに なつこ／1969年生まれ）　II

神戸大学大学院人間発達学研究科准教授

『保育所等の子ども家庭支援の実態と展望』（共編著・中央法規出版）

『地域・子育て支援と母親のエンパワーメント』（単著・大学教育出版）

☆家族や社会の変化をとらえて，子どもにとってどのような保育が適切か，考えられる保育者になってください。

徳永聖子（とくなが せいこ／1977年生まれ）　IV

常葉大学保育学部講師

『よくわかる家庭支援論』（共著・ミネルヴァ書房）

『教育・保育カリキュラム論』（共著・中央法規）

☆子どもの成長発達を保護者と共に喜び合えるのも保育の魅力です。保護者との信頼関係が築けると保育もより楽しくなります。

亀﨑美沙子（かめざき みさこ／1982年生まれ）　V

十文字学園女子大学人間生活学部准教授

『保育の専門性を生かした子育て支援』（単著・わかば社）

『最新保育士養成講座第10巻　子ども家庭支援』（共著・全国社会福祉協議会）

☆保育の専門性を発揮して，保育と家庭支援の両面から子どものよりよい育ちを支えていきましょう。

水枝谷奈央（みえたに なお／1980年生まれ）　VI

玉川大学教育学部非常勤講師

『最新保育士養成講座第10巻　子ども家庭支援』（共著・全国社会福祉協議会）

『家族支援論』（共著・ミネルヴァ書房）

☆子育て家庭が置かれている環境の理解に努めながら，子どもの育ちを支え，保護者の子育てを支えることができる支援について，考えていきましょう。

橋詰啓子（はしづめ けいこ/1960年生まれ）Ⅶ

　武庫川女子大学教育研究所助手

　『保育ソーシャルワーク』（共著・ミネルヴァ書房）

　『最新保育士養成講座第10巻　子ども家庭支援』（共著・全国社会福祉協議会）

　☆保育者として保育や子育て支援を実践するようになっても学びは続きます。実践しながら学び直すテキストにもしてほしいです。

鎮　朋子（しずめ ともこ/1970年生まれ）Ⅷ

　梅花女子大学心理こども学部准教授

　『実践に活かす子ども家庭福祉』（共著・ミネルヴァ書房）

　『子ども家庭支援——家庭支援と子育て支援』（共著，全国社会福祉協議会）

　☆保護者や地域と共に子どもを育てる，そのような意識で子ども家庭福祉を学んでください。

佐藤まゆみ（さとう まゆみ/1981年生まれ）Ⅸ

　淑徳大学短期大学部教授

　『市町村中心の子ども家庭福祉』（単著・生活書院）

　『子ども家庭福祉における包括的・継続的支援の可能性』（共著・福村出版）

　☆子どもとその家族の幸せになろうとする力に寄り添う，ということをしっかりと見つめ考えることが大切だと思います。

丸目満弓（まるめ まゆみ/1970年生まれ）Ⅹ

　大阪城南女子短期大学総合保育学科講師

　『保育者論』（共著・ミネルヴァ書房）

　『保育ソーシャルワーク』（共著・ミネルヴァ書房）

　☆保護者支援・家庭支援のゴールは，保護者が自立して子育てをすることではなく，周囲の支援を受けながら子育てをすること，すなわち“受援力を育むこと”だと思います。そういう意味で保護者にとって最も身近な専門職である保育者の役割はとても大きいと感じています。

やわらかアカデミズム・〈わかる〉シリーズ
よくわかる子ども家庭支援論

2021年8月31日　初版第1刷発行　　　　　〈検印省略〉

定価はカバーに
表示しています

	橋 本 真 紀
編 著 者	鶴 宏 史
発 行 者	杉 田 啓 三
印 刷 者	田 中 雅 博

発行所　株式会社　ミネルヴァ書房
〒607-8494　京都市山科区日ノ岡堤谷町1
電話代表　(075) 581-5191
振替口座　01020-0-8076

©橋本・鶴ほか, 2021
創栄図書印刷・新生製本

ISBN978-4-623-09201-7
Printed in Japan

▌保育・幼児教育・子ども家庭福祉辞典

中坪史典・山下文一・松井剛太・伊藤嘉余子・立花直樹編集委員
四六判　640頁　本体2500円

●子ども，保育，教育，家庭福祉に関連する多様な分野の基本的事項や最新動向を網羅し，学習から実務まで役立つ約2000語を収載した。実践者，研究者，行政関係者，将来は保育や教育の仕事に携わろうとする学生，子育てを行う保護者，これから子育てを担う人たちなど，子どもに関わる様々な人々を傍らから支える用語辞典。テーマごとの体系的な配列により，「読む」ことで理解を深められる。

▌集団っていいな──一人ひとりのみんなが育ち合う社会を創る

今井和子・島本一男編著　Ｂ５判　196頁　本体2200円

●「人と響き合いたい，繋がって生きていきたい」という願いをもって生まれてくる子どもたち。子どもの参画，主体性，人間関係，社会性，人格形成をキーワードに，一人ひとりの居心地のよい集団創りについて，様々な事例を紹介しながら解説する。現場の保育者や保護者のみなさまに届けたい一冊。

▌保育ソーシャルワーク

倉石哲也・鶴　宏史編著　Ｂ５判　208頁　本体2200円

●「保育ソーシャルワーク」について学ぶテキスト。「なぜ保育士に社会福祉の視点が求められるのか」「保育士が保護者や家庭を支援するにあたってどのような態度が求められるのか」について，豊富な事例，図表を通してわかりやすく学ぶことができる。相談援助の技法についても具体的に学ぶことができ，保育士養成課程の新科目「子育て支援」や現任者研修のテキストとしても使用可能。最新の「保育所保育指針」に対応。

▌子ども家庭福祉入門

芝野松次郎・新川泰弘・宮野安治・山川宏和編著　Ｂ５判　164頁　本体2200円

●「子ども家庭福祉」の理論と実際について，わかりやすく解説する。子どもと子育て家庭を支援するための基礎的・専門的な知識や技術を網羅。「子ども家庭福祉の理念・法制度と子育て家庭を支援するソーシャルワーク」を学ぶことに主眼を置いた。また，子育て支援にかかわるいくつかの重要なテーマについて，コラムで解説した。

───── ミネルヴァ書房 ─────

https://www.minervashobo.co.jp/